向上社交

UPWARD SOCIALITY

突破圈层与高手相交的心理学

"心理学的帮助"编写组 编著

中国纺织出版社

内 容 提 要

一个人要想取得成功，艰苦奋斗固然重要，但还需要有出色的社交能力，尤其是向上社交的能力。向上社交是一项重要的社交技能，能够帮助我们建立更好的人际关系，扩展社交圈层，并获得更多的机会和资源。但是，向上社交并不容易，需要我们学习一定的技巧和策略。

本书围绕"向上社交"展开，结合现实生活中的社交案例，告诉我们向上社交的必要性，并给出具体有效的社交策略，助你提升社交高度，真正跳出自己的圈子，实现向上社交。

图书在版编目（CIP）数据

向上社交：突破圈层与高手相交的心理学／"心理学的帮助"编写组编著. -- 北京：中国纺织出版社有限公司，2024.8. -- ISBN 978-7-5229-1903-4

Ⅰ. C912.11-49

中国国家版本馆CIP数据核字第2024S8T694号

责任编辑：李 杨　　责任校对：高 涵　　责任印制：储志伟

中国纺织出版社有限公司出版发行
地址：北京市朝阳区百子湾东里A407号楼　邮政编码：100124
销售电话：010—67004422　传真：010—87155801
http://www.c-textilep.com
中国纺织出版社天猫旗舰店
官方微博 http://weibo.com/2119887771
德富泰（唐山）印务有限公司印刷　各地新华书店经销
2024年8月第1版第1次印刷
开本：880×1230　1/32　印张：7
字数：132千字　定价：59.80元

凡购本书，如有缺页、倒页、脱页，由本社图书营销中心调换

前言

古语云:"天时不如地利,地利不如人和。"一个人要想取得成功,自我的艰苦奋斗固然重要,但如果能认识比我们更厉害的人,或有贵人相助,我们的人生和事业就会变得别样精彩,有另一番不同的风景。尤其在今天这样一个复杂而又充满激烈竞争的现代社会里,要想不甘平庸,要想名利双收,就一定要拥有社交的力量。西方有一则著名的格言:"重要的不在于你懂得什么,而在于你认识谁。"管理大师德鲁克也曾做过一个极为贴切的比喻:"清理你的人脉就像清理你的衣柜一样,将不合适的衣服清出衣柜,才能将更多的新衣服放入衣柜。"

社交是我们生活的一部分,我们要与人打交道,就有社交,然而,并不是每个人都懂社交。因为社交从来都不是一件简单的事情,不是两个人谈得来就能频繁往来的。社交也要讲策略,只有好的社交,才能有益于自己的个人成长和人生发展。研究发现,在所有的社交中,最有意义,最有价值的社交,就是向上社交。

可能很多人会问,什么是向上社交?

所谓向上社交,其实就是一种能够给自己带来正能量和积极影响的社交方式。正如美国作家帕特里克·金在《向上社交》一书中写的一样:"厉害的人都是擅长向上社交的,因为他们知道一个人要进步,就一定要跟比自己更厉害的人交流。"

在现代社会,很多人之所以"攀高枝",就是因为认识到了向上社交的重要性。认识优秀的人不光能拓展我们的人脉,重要的是,优秀的人还能够帮助我们打开格局,增长见识,发现自己更多的可能性。

然而,面对优秀的人,我们很多时候却不知如何开口,不知如何推进彼此关系,更别说有深层次的交流了。的确,向上社交与我们日常生活中的"平级社交"不同,它需要我们做足准备工作、找准目标并主动创造机遇。不仅如此,"打铁还需自身硬",社交的本质是一场价值交换,我们还需要提升自身的价值,"你若盛开,蝴蝶自来",这样才能令优秀的人主动靠近和信任你。

那么,我们如何认识并结交那些比自己更厉害的人呢?

这就是我们撰写本书的初衷,本书围绕向上社交展开,告诉我们优秀的人都是擅长向上社交的。本书还介绍了多种实用方法,能保障你在向上社交的各个阶段都能顺利,合理应对多种场面。本书轻松易学,介绍的方法上手就能用,希望能对广大读者有所帮助。

编著者

2024年1月

目 录

第1章 学习向上社交，让你更靠近成功 001

什么是向上社交……003

向上社交有必要吗……007

你和谁在一起，决定了你的命运……010

个人能力有限，要善于借助他人的力量……013

与优秀者在一起，才能不断进步……016

第2章 打开你的社交格局，去认识更多优秀的人 021

良好的自我改变，才能打开你的人生格局……023

跳出固有圈层，去认识更多优秀的人……027

改变观念，哪怕不喜欢的人也可以结交……031

广交朋友，学会和不同性格的人打交道……033

善于借助前人的成就，往往能找到成功的捷径……036

"攀高枝"其实是一种积极的社交态度……040

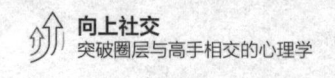

第3章
凡事预则立，向上社交也要创造机会 043

制造神秘感，别轻易在优秀者面前亮出底牌……045

雪中送炭，往往比锦上添花更让人感动……048

主动吃亏，是一种人情上的付出……053

学会储蓄人情，是主动搭建优秀人脉的开始……057

让优秀者多"看到"你，增强人际吸引力……061

与优秀者交往，人情才是最好的礼物……064

成功后，要第一时间与曾经协助过我们的人分享……068

第4章
向上社交也别目的性太强，彬彬有礼更得人心 071

与优秀者交往，要从一个小小的招呼开始……073

寒暄问候，能敲开向上社交的大门……077

社交中的好感，从一个得体的称呼开始……081

守时，是基本的社交礼仪……085

留心细节，别让不经意的姿势毁了你的形象……088

第5章
向上社交不是一面之缘，关系维护更重要 093

主动说点自己的小秘密，能拉近彼此的心理距离……095

目 录

给他人留有机会，也就是给自己拓展空间……100
独吞功劳的人，很容易失道寡助……103
将对方的喜恶记在心里，能打动对方……106
让对方做"强者"，满足其虚荣心理……110

第6章 处处留心，不放过每一个与高手"过招"的机会 113

给他人留面子，就是给自己长面子……115
化敌为友，曾经的"敌人"也可以成为你的伯乐……120
人情留一线，日后好相见……125
处变不惊，成大事者绝不垂头丧气……128
一身傲骨，哪怕被打压也绝不服输……132
在"牛人"面前，要做到谦逊好学……136
与领导和同事相交，也要有向上社交的心态……140

第7章 提升自我，向上社交的本质是价值互换 145

一个人的价值会影响到他的人际交往……147
首先要有好品质，才有被赏识的可能……151
适时顺应，能赢得人心……156
用自嘲展现你的友善……161
找到值得学习的对象，并虚心请教……164

第8章 适时表现，主动让高手看到你的才华与能力 …167

唯有实际行动，才能让对方看到你的能力……169
制造一些噱头，能让别人关注到自己……173
适度夸夸自己，获得别人的重视和认可……176
将才华发挥到极致，能赢得更多的关注……180
善于借势，让强者帮助我们提升气场……184
适时高调点，能获得认可和关注……189

第9章 与领导相交，巧妙展现忠诚方能赢得信任 …193

你对领导的忠诚度如何，决定了你的业绩……195
巧妙赞美，会让领导很受用……199
领导的私生活，是讨论的禁区……203
关键时刻为领导挽回面子，能获得领导的青睐……206
虚心向领导请教学习，能获得其关注……209
清楚自己的身份，有些"越级"话不可说……213

参考文献……216

第1章

学习向上社交,让你更靠近成功

CHAPTER 1

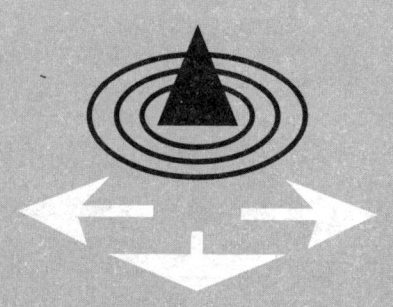

第1章
学习向上社交，让你更靠近成功

什么是向上社交

日常生活中，我们每个人每天都在社交，比如与同事交谈工作、与客户沟通、向领导汇报工作，此类社交活动可以归入同级社交的范畴，也就是和我们社会地位差不多的人打交道。与这些人交流没有太大的心理负担，大家的能力、眼界、认知都差距不大，既聊得来，也聊得轻松自在。

但是，我们也不能忽略向上社交。那么，什么是向上社交呢？

向上社交，顾名思义，是指个体通过积极主动的社交活动，与比自己优秀、地位更高的人建立联系，从而实现个人成长与事业发展的过程。简单来说，向上社交就是与"比你强"的人社交，这不仅是一种社交策略，更是一种提升自我价值、拓展人脉资源的重要途径。

有人说，一个人一生的命运如何，往往取决于他身边的朋友，大凡能成功的人，都曾借助过别人的力量，他们善于社交，这是他们共同的特性。为此，我们在社交时，也要有一定的"目的性"，多结交比自己更优秀、地位更高的人，能帮助自己更快成长、获得成功。当然，带有一定的目的性去结交朋友，并不意味着我们要放下真诚结交的原则。其实，生活中处处是资源，只要你真心地对待他人，你就为自己增添了一笔人际财富。

然而，很多人会说，我也想认识那些地位高的、优秀的人，但是不知到哪去找。确实，普通人和优秀的、地位高的人，通常不是生活在同一个圈子里，彼此很难有交集，更别说进行社交了。向上社交也是讲究方法的，如果你能够走稳每一步，向上社交就同样易如反掌。

那么在生活当中，我们应该怎样去做呢？

1.破除心结，主动出击

很多人对于向上社交有心结，因为在他们看来，那些优秀的、地位高的、有钱的人会看不起自己，如此，就产生了自卑情结。其实，包括平级社交在内，首要也是最重要的就是要有自信。否则，当那些"大人物"与我们擦肩而过时，我们连招呼都不敢打，还有什么机会进行深入交流呢？

你一定要明白，不管是地位多高的人，都不是完美的，我们不必神化他们。所以，没有必要胆怯，觉得自己矮他们一截，或者抱着"他们一定高人一等""他们肯定看不起我"这样的念头。丢掉这些狭隘的想法，只有勇敢踏出第一步，才有可能获得向上社交的成功。

2.真诚赞美，并尽量具体化

一些人没有客观地看待向上社交，他们会认为这不过是拍马屁。其实赞美与拍马屁有本质上的区别，赞美是发自内心地欣赏、认可、崇敬他人，而拍马屁则不是真诚的。

对于那些"大人物"，他们本身就是心明眼亮的，所以对于那些拍马屁、阿谀奉承者，他们会打心眼里嘲笑，所以，我们赞美这些"大人物"，必须以真诚为前提。

当然，表达对他们的崇敬，语言一定要具象化，语言过于苍白，会有敷衍对方的嫌疑。要从具体的事例赞美起，这些事越小越好，因为这些"大人物"听惯了赞美之言，那些平常的溢美之词他们早就司空见惯了。

3.学会向"大人物"讨教

我们都知道，无论是地位高者还是优秀者，总会在某个方面比我们更出色，而我们刚好可以借此机会向他们请教问题，在一来一回的问答中，加深对方对你的印象。

一般来说，那些"大人物"往往站得高、看得远，对于弱者或者年轻人的请教，他们很少会拒绝，并且，他们对于虚心求教的年轻人往往会心生好感。但需要注意的是，求教时不要问那些简单的或者肤浅的问题，否则会弄巧成拙。

4.讲好故事，成为有趣的人

谁都喜欢有趣的人，在任何形式的社交场合，人们都更喜欢有趣的人，那些"大人物"也是如此，因此，成为一个有趣的人，应该是我们努力的方向。对此，我们可以在生活中多收集一些小故事、小妙语，多读一些历史、名人典故等，在与"牛人"们打交道时加以运用。不过，我们需要注意这些素材的品位，可以世俗，但绝不能低俗，否则，很容易贻笑大方。

俗话说："金无足赤，人无完人。"再优秀的人也不可能是完美的，我们不必认为他们一定是高高在上的。想要结交他们，我们完全可以采取适当的方法，与对方建立起深入的联系，把他们变成你人脉网上一个重要的部分，从而为你的成功添砖加瓦。

第1章
学习向上社交，让你更靠近成功

向上社交有必要吗

如今，向上社交已经成为很多人攀登成功阶梯的方法之一，但与此同时，它也受到了很多舆论的质疑，不少人认为这是在鼓励年轻人走捷径、抄近路，让人际关系变得"功利"。向上社交之所以会被质疑，是因为确实有些人将其视作捷径。但与此同时，我们不可否认的是，向上社交对于个人的成长和事业发展有着重大影响。通过与优秀者交流，我们可以获得丰富的知识、高超的技能和宝贵的经验，从而全面提升个人的综合能力。同时，向上社交有利于拓展人脉，为未来事业发展奠定良好的基础。再者，它还能大大提升我们的自信心！

或许你会认为，带着目的进行交际、结交那些有专长和特殊才能的人是一件有心机的事，你是不是也常和一些对自己完全没有帮助的朋友见面，每次都感觉自己是在浪费时间和金钱，却总是把它当作讲义气呢？朋友应该具备值得自己学习的地方，这样才能彼此进步，建立良好的长久关系。人们固然愿意结交与自己相似的人，同时，在和这样的人交往时，也会慢慢变得更加相似。因此，结交什么样的朋友，就足以说明自

己也是什么样的人,同时,结交不一样的人,也会有改变的机会。我们先来看看保罗·艾伦和比尔·盖茨之间的友谊:

保罗·艾伦是微软的创始人之一,他多次在福布斯富豪榜上位居前列,2005年再次排行第7位。

一直以来,保罗·艾伦似乎都掩盖在比尔·盖茨的光环之下,人们只知道他和比尔·盖茨共同创立了微软,却忘记了正是他把比尔·盖茨引入软件这个行业。而就是这样一个软件业精英、一个富于幻想的开拓者、一个为玩耍一掷千金的豪客、一个总是投资失败却成功积聚巨额财富的商界巨子,却在创造着一个传奇——他有取之不尽的资源、独树一帜的投资理念,也有着与众不同的成功标准。

1968年,与盖茨在湖滨中学相遇时,比盖茨年长两岁的艾伦以其丰富的知识折服了盖茨,而盖茨的计算机天分又使艾伦倾慕不已,就是这样,两人成了好朋友,随后一同迈进了计算机王国。艾伦是一个喜欢技术的人,所以,他专注于新技术和新理念的研发,盖茨则以商业为主,销售员、技术负责人、律师、商务谈判员及总裁职务一人全揽,微软的两位创始人就这样默契地配合,掀起了一场至今未息的软件革命。

有人说,没有保罗·艾伦,微软也许不会出现,但如果不是托盖茨的福,艾伦也许无法为自己的"失误"买单,而这并不是偶然。比尔·盖茨曾这样说过:"有时决定你一生命运的就在于结交了什么样的朋友。"换句话说,你与之交往的人或许就是你的未来，保罗·艾伦与比尔·盖茨就是这样互相决定了未来。

保罗·艾伦与比尔·盖茨的故事告诉我们一个道理：与最优秀的人在一起，优秀将成为一种习惯。机会不是天外来物，而是人创造的，能力突出的人显然会带给你更好的机会，更重要的是与他们相处，可以提高自己的能力，不仅可以从他们的成功中学到经验，而且可以从他们的经验中得到启发。我们甚至可以根据他们的生活状况改进自己的生活状况，成为他们的得力助手，这自然也会使你变得更优秀。

对于一些刚进入社会、求路无门的年轻人，学习向上社交可以拓展人脉圈，打破信息壁垒和认知局限，获得更多的资源和社会支持，有助于他们更好地进行生涯规划、求职和就业。然而，虽然向上社交有其积极作用，但也应避免过度依赖，注重自我成长和自我价值的实现。

总之，向上社交是很有必要的，它的意义在于帮助个体积极主动地与比自己更优秀、更有经验、更有地位的人建立社会互动，从而促进自身的成长和进步。这种社交方式有助于打破信息不对称和圈层的束缚，通过与优秀人士的交流，学习他们的知识、经验和思维方式，提升自己的能力和见识。

你和谁在一起,决定了你的命运

牛顿说:"如果说我比别人看得远些,那是由于我站在了巨人的肩上。"牛顿这是在对前人的智慧和成果表示感谢,其实,对个人发展来讲,关键时刻,你和谁在一起决定了你的命运。

刘子琪是一名普通的办公室文员,她平时不怎么喜欢结交朋友。和她经常在一起的几个朋友也同她一样,都是一些到处为了生活而奔波的打工者。为此,刘子琪时常郁闷,为什么自己和朋友永远只能做打工者呢?

在刘子琪的公司里,和她一个部门的谢睿歆却是一位很优秀的经理助理,而且拥有许多非常赚钱的商业渠道。她生长在富裕家庭中,而且她的同学和朋友都是学有专长的社会精英。相比之下,刘子琪与谢睿歆的世界根本就是天壤之别,所以在工作成绩上也无法相比。

因为刚来公司不久,刘子琪不知道该如何与背景不同的人打交道,所以少有人缘。一个偶然的机会,刘子琪参加了某项职业能力提升培训,她发现,原来自己一直这样"默默无名",和自己所结交的人有很大的关系。

她回家后仔细地分析了一下，平时和朋友们在一起不是抱怨生活，就是抱怨自己的命运有多么的坎坷，而且那些朋友也和她一样，常常为了一点事情就沮丧。真正出了什么事情，朋友之间却因为能力有限而帮助不了对方。

从那以后，她开始有意识地在公司和谢睿歆联系，并且和谢睿歆建立了良好的私人关系。私下里，她通过谢睿歆认识了许多大人物，而事业上也开启了新的篇章。

其实，大家应该懂得，随着时间的流逝，我们会在心里塑造出与自己相似的人的形象，会采取和这些人相同的价值、态度、行为、思想、意识形态及信仰。因此，要善于发现并吸收他人的长处，善于把握人生的机遇，对待他人的成功像对待自己的成功一样充满热情。如此，便能在静观中获得远见，借人之智，成就自我。

有句话说得好："你是谁并不重要，重要的是你和谁在一起。"西方有"你认识的人决定你的未来"这样一句谚语，意思就是说，现在你见到的人是谁，你认识的人是谁，将会决定你的未来。可是，为何身边的人会有如此大的影响力呢？

1. 和谁在一起，关乎你的人生目标

当你和比你优秀的人在一起时，你就有前进的目标。在你犯错失败的时候，他会帮你总结教训；当你通过努力获得成功的时候，他会提示你重新给自己定位。优秀的人总是在有形或无形中帮你修正前进的方向，让你离成功越来越近。

2.和谁在一起,关乎你的人生态度

你身边往往有很多不甚积极、没有野心、没有目标、不太成功之辈。他们在生活中并没有很大的成就,每天都在浪费时间,牢骚不断,并且一逮到机会就抱怨个不停。假如你和这种人在一起,你就会变得像他们一样。

3.和谁在一起,关乎你的人脉资源

无论你是做大事还是小事,都离不开人脉资源。如销售行业,只有你拥有了更多的客户资源,才能把自己的产品卖给更多的人。所以,你要想在社会上干一番成就,就必须坚持不懈地多结交有人脉的朋友。

成功不在于你知道什么,而在于你选择和谁在一起。好的人脉圈就是成功路上的助推器,要选择那些能够改变自己命运的人。选择的人层次越高,改变命运的机会就越多。把选择视为改变命运的机会,好好把握,人生肯定会发生根本的改变。

个人能力有限，要善于借助他人的力量

一个人的个人能力如果很强，那么他可以独自应对很多事情，但是这样的人不一定会成为一名领导者，因为他不会将自己手上的工作进行合理的分配，而是喜欢将事情拿过来自己做，别人只有看的份。这样做当然有好处，那就是任务的质量可以得到保障，可是如果需要在较短的期限内完成，那么一个人可能就会需要消耗很长的时间，不能保证在规定的期限内完成任务。如果每件事自己独立去完成，而不和别人合作，就无法发挥团队的力量。所以，在一定程度上，一个人不能把自己当成全能的人，要懂得借用别人的帮助，借助他人的力量，从而使任务能够高效完成。

1.一个人的能力毕竟有限

历史上有很多人，因为自己能力强大而傲视群雄，桀骜不驯，从来都是以一己之力力压八方，可是他们多数都吃到了苦头。这是因为一个人再强，他的能力也是有限的；而一个人再弱，几个人共同做一件事情，力量也是强大的。

释迦牟尼在给弟子讲授时，突然停下来，看着远方问众弟子:"怎么才能使一滴水不干涸?"面对这个突如其来的问题,众弟子面面相觑,不知道怎么回答。释迦牟尼略作停顿,然后意味深长地说:"把它放入大海里吧!"众弟子顿悟。

一滴水暴露在阳光下,很快就会蒸发掉,那么当它被放到大海,融入无数的水滴之中,就能够获得永生。水滴融入大海之后,融合其他水滴的力量,便能够掀起巨大的海浪。同样一个人想完成一件难度巨大的事情,仅凭自己的能力是有限的,然而一个团队的力量是无穷的。所以,不要以为自己是全能,不需要任何人。每个人都要有团队意识,要在团队中和他人协作,这样才能充分利用自己的能力,从而做成大事情。

2.要看到身边的人

身处团队的人要能够看到自己身边的人,不能只是看到自己。很多人认为自己全能,就不在乎身边的人会做些什么,也不会去和别人交流,自我意识很强,可是时间长了,就会发现自己的能力没进步,反而有所退步。所以,即使自己的能力很强,也要放下身段,摆正自己的心态,学会主动去交往,要懂得如何去赢得人心。

建立良好的人际关系是赢得人心的一个前提,要同别人建立良好人际关系,建立起丰富的人际关系世界,就必须做交往的发起者,处于主动地位。也许你并不善于交往,但是你必须尝试,这样你才能发现自身与他人的不同点,才能够真正感受到自己并不是全能的。

3.要学会借力打力

作为一个有较强能力的人,学会怎么将自身的优势发挥出来是很必要的,更重要的是要知道如何将自身的优势与他人的优势结合起来,这样才能发挥更大的力量。学会借助别人的力量,这样不仅能够使你认识到自己的优势和劣势,而且能够获得更大的助推力,更重要的是你知道如何去与别人打交道,通过别人的助力使自己向目标接近,不断拓展人脉,从而使你越来越强大。

随着社会的发展,社会分工越来越细化,不同企业之间的联系越来越紧密,公司企业的内部也需要默契合作。各个部门之间因不同的关系和利益联系在一起,员工之间的合作变得更加重要,尤其是领导者,不仅要高瞻远瞩,给人们指引方向,而且要学会与下属配合。所以,每个人都不要认为自己无所不能,而是要学会在团队里借助人脉,学会借力打力,取得更大的进步。

与优秀者在一起,才能不断进步

常言道,近朱者赤,近墨者黑,这句话出自《太子少傅箴》,它的本意是说靠近朱砂会渐渐变红,靠近墨则会慢慢变黑,人们常用这句话来形容人很容易受到外部客观环境以及身边人潜移默化的影响,最终导致人们无形中发生改变,自己却很有可能毫无觉察。由此可见,我们不管是生活还是工作,也不管是有心还是无意,都应该尽量选择与优秀者在一起,这样才能不断进步,实现人生的飞跃。

尤其是在现代社会,人际交往越来越密切。几乎每个人都是群体的一员,都生活在社会环境中,无可避免要受到他人的影响。

当然,每个人都渴望自己能够不断进步,最终获得成功的人生,这一点无可厚非。现实情况却是,我们在生活和工作中承受着巨大的压力,尽管想要和优秀者为伍,也未必能够如愿以偿。在这种情况下,尽管我们无法完全决定自己的去向,却可以在人际交往中表现出一定的倾向性。我们今天依然奋力读书,求学的过程能够让我们接触不同的生活方式,和更多勤学好问、敏学好思的同学们在一起,接受大学校园浓重的文化氛围和求知环境的熏陶。学历的区别不仅在于知识的多寡,而且在于眼界的开阔程度与身边围绕的人群层次高低,这最终导致他们的人生观、世界观、价值观等不同,而且人生也由此拉开了差距。

现代社会,一个人不管学历多么高,也不管资历多么深,都必须保持终身学习的好习惯,才不会被时代远远抛下。尤其是当下知识更新的速度越来越快,信息传播速度更是风驰电掣,我们唯有和优秀者为伍,才能更好地促进自身的进步和发展,从而做到兵来将挡,水来土掩,从容地面对生活。当然,生活处处留心皆学问,三人行,必有我师焉。我们完全可以学习身边人身上的优点和长处。只要我们勤学好问,就一定能够从他人身上发现值得我们学习的闪光点。这样的学习,是人生中必不可少的。

马克思和恩格斯是好朋友。马克思因为受到政府迫害不得不长期流亡在外,生活上异常艰苦。为了支持马克思,家境相对富裕的恩格斯省吃俭用,常常给马克思经济上的援助,帮助马克思维持生活。

这样一对志同道合的好朋友,不但在生活上相互关心,彼此扶持,而且共同为了共产主义事业奉献终身。他们都住在伦敦时,恩格斯每天都会去马克思家里,与马克思一起探讨政治和科学。因为谈论得过于投入,他们甚至完全忘记了时间,沉浸在激烈的争辩中。有的时候阳光明媚，他们还一起到郊外散步，彼此亲密无间。即使后来他们住得远了，也一直保持着书信往来，从未中断过交流。

马克思和恩格斯都以彼此为骄傲，并且竭尽全力支持对方的工作，帮助对方解决难题。有一次，还不精通英文的马克思要给一家英文报纸写稿，恩格斯得知此事后主动承担起翻译的任务，为马克思解除了燃眉之急。1883年，马克思去世之后，悲痛欲绝的恩格斯难以消除心中的悲伤，始终沉浸在失去马克思的痛苦之中，但是他还是拒绝了朋友们建议他出游散心的好意，而且当即开始着手整理马克思的遗作《资本论》。为了帮助马克思完成遗作，他废寝忘食，一刻也不敢停歇，几次因为过度劳累导致身体垮掉。在历经十一年的辛劳之后，恩格斯终于完成了马克思的《资本论》。他说："当我整理《资本论》时，就像又和马克思谈天说地，畅谈不已。"

在整整四十年的时间里，马克思和恩格斯的友谊从未褪色，他们一起创建了马克思主义，给整个世界带来了光明。也许正是因为彼此间的促进和激励，他们才能做出如此杰出和伟大的贡献，极大地造福于全人类。

马克思和恩格斯都是优秀的人，他们相互扶持，最终创立了马克思主义，彻底影响了世界的格局和历史进程。从他们身上，我们不难看出朋友之间的深情厚谊，也不难看出志同道合的好朋友之间能够相互促进，最终成就彼此。

第1章
学习向上社交，让你更靠近成功

哲学家苏格拉底曾说："我很清楚自己什么也不懂。"无疑，苏格拉底是谦虚的，正是因为他怀着空杯心态，所以才能不断学习和进步，最终成为举世闻名的哲学家。我们也应该在生活中多多向他人学习。有人说，看一个人的底牌，可以看他的朋友。朋友之间的实力总是相差无几，因而我们也可以把朋友当成自己的镜子，由此反观自身，不断进步。

生命不息，学习不止。我们每个人都应该抓住一切机会与优秀者为伍，学习他们的长处同时自我反省。在教育普及的现代社会，已经很少有不识字的年轻人了，但出现了新型"文盲"，即那些从来不知道主动学习的人。其实，人与人之间的客观条件和智力水平相差无几，人生之所以拉开差距，就是因为人们的学习能力有差异，而且对待学习的态度也完全不同。踏入了社会这所大学堂，唯有怀着谦虚的心态不断学习，坚持进步，我们才能真正从社会的大学毕业，也才能拥有自己的辉煌人生。

第2章

打开你的社交格局,去认识更多优秀的人

CHAPTER 2

良好的自我改变，才能打开你的人生格局

人生在世，谁不渴望出人头地？美国哲学家、演说家金·洛恩曾说："成功不是追求得来的，而是被改变后的自己吸引而来的。"我们之所以没有成功，是因为我们身上存在着许多致命的缺点，如自私、傲慢、急躁、没有明确的人生目标、缺少自信、做事情不脚踏实地、没有耐心，等等，这些缺点严重制约了我们的发展。只要对自己进行深刻的检讨，采取改进措施，你的精神面貌就会发生巨大变化，会感觉到自己在一天天地向成功迈进。

改变自己就要学会接受新事物，因为每个人都有着无限的潜能等待开发，只可惜，我们往往限制了自己的心态。科技进步的速度快得惊人，相对也引导着社会各方面的发展，如果你仍一味地沿用旧的思想、旧的做法，就会被社会淘汰。很多不该再坚持的观念，何苦抓住不放呢？接受新思想，摒弃不适当的旧观念，这会使你改造自己，成为扩大人生格局的好起点。

福勒是一个佃农的儿子。他5岁就开始参加家庭劳动，他们一家一直过着很贫穷的生活。福勒有一位不平常的母亲，她

很早就发现福勒与其他6个孩子不同。母亲经常有意识地将福勒拉到身边，跟他谈论心中的想法。她反复地说："福勒，我们不应该贫穷！我们的贫穷不是由上帝安排的，而是我们家庭中的任何人都没有产生过出人头地的想法……"

"我们的贫穷是因为我们没有想过富裕！"这个观念在福勒的心中刻下了深深的烙印，成就了他以后无比辉煌的事业。福勒改变贫穷的愿望像火花一样迸发了出来——他挨家挨户推销肥皂达12年之久，并由此获得了许多商人的尊敬和赞赏。后来，福勒不仅在最初工作的那个肥皂公司，而且在其他7个公司都获得了控股权。可以说，福勒获得了巨大的成功。他彻底改变了家庭的贫穷，扭转了家庭的命运。

有人会说，"我是很想立即改变现状，但周围的大环境就这样，没办法改变！"他一定是忘了：一个人在面临无法改变的环境的时候，首先要学会改变自己，自己改变了，环境也会随之改变。俗话说："生存取决于改变的能力。"不少人往往是既想改变现状，又害怕承受痛苦，结果把自己弄得既矛盾又挣扎，折腾了一大圈又绕回到起点。改变是痛苦的，但如果不改变，那将是更大的痛苦。

成功学家陈安之说："不要把赚很多钱当作你人生最重要的目标。只要你能够成为最好的人物，最好的事情也就会发生在你身上。若你想要得到一切最美好的事物，你必须把自己变成最好的人。"所以，在失意的时候，不要急着抱怨这个世界不公平,世界从来不会因为某个人的抱怨而改变。不如改变自己来适应环境,如果人是正确的,他的世界就是正确的。

"适者生存,不适者则被淘汰",这是自然规律,世界上的事物时时刻刻都在发生着改变,如果你跟不上社会的步伐,你就会被社会抛得越来越远。面对这样的状况,只有改变自己才是出路。许多时候,担心是多余的,坦然地面对现实,勇敢地接受挑战,就会塑造一个"全新的自己"。人生是由一连串的改变形成的。当你的环境、教育、经验、吸收的信息发生变化,你的心理多多少少都会发生不同程度的变化。改变就是机会,只要你及时抓住,就会有好的开始,而且,唯有良好的自我改变,才是改变事情、改造状况,甚至改变环境的基础。

一位年轻人在毕业后进入保险公司开始他的推销职业生涯。当时,他穷得连午餐都吃不起,经常露宿公园。

有一天,他向一位老和尚推销保险。等他详细地说明之后,老和尚平静地说:"听完你的介绍之后,我丝毫没有产生投保的意愿。"老和尚注视年轻人良久,接着又说:"人与人之间,像这样相对而坐的时候,一定要具备一种强烈的吸引对方的魅力,如果你做不到这一点,将来就没什么前途可言了。"年轻人哑口无言,冷汗直流。

老和尚又说:"年轻人,先努力改造自己吧!"

"改造自己?"

"是的,要改造自己首先必须认识自己,你知不知道自己是一个什么样的人呢?"

老和尚又说:"你在替别人考虑保险之前,必须先考虑自己,认识自己。"

"考虑自己?认识自己?"

"是的!赤裸裸地注视自己,毫无保留地彻底反省,然后才能认识自己。"

从此,年轻人开始努力认识自己,改造自己,大彻大悟,终于成为一代推销大师。

一个人如果不先改正自己的缺点和不足之处,使自己成为一个人格完善的人,就很难获得成功,更谈不上去影响、改变别人。人只有先改变自己,进而才能改变世界。如果同事对你不友善,你不去改正自己的缺点,即使你换个工作也没用;如果你的成绩不高,你不去改变学习方法和学习态度,即使换了老师也没用。但只要你主动尝试改变,生活也会随之改变。

世界是在不断发展变化的,每个人也是在不断发展变化的。变化始终存在,不管是好是坏,我们必须接受,而变化往往考验着人的适应能力。要适应瞬息万变的社会,我们必须做出改变,而且,改变必须马上开始,从自己开始,从每一件小事开始。这样才能获得成功。

适者生存,这是人类一切问题的答案。试图让整个世界适应自己,这便是麻烦所在。试图让一切适应自己,这是很幼稚的想法,而且是一种不明智的愚行。想要改变世界很难,而改变自己则较为容易。如果你希望看到自己的世界改变,那么第一个必须改变的就是自己。

第2章
打开你的社交格局，去认识更多优秀的人

跳出固有圈层，去认识更多优秀的人

当今社会，成功是人们梦寐以求的渴望。漫长的人生之路，有些人为追求成功付出了莫大的代价，最终却事倍功半。他们经常自怨自艾，认为自己满腹经纶，却始终没有出人头地的机会。事实上，要想成功，仅有旷世的才华还远远不够，还要拥有广泛的人缘，尤其是要有向上社交的技能。向上社交的重要方面就是跳出固有圈层，去认识更多的优秀的人。

一位著名的企业家通过"十年修得同船渡"的方法结识许多社会名流，他的经验是："在每次出差的时候，我都选择飞机的头等舱。在一个封闭的空间中，不会有其他杂事或电话干扰，可以好好地聊上一阵。搭乘头等舱的大多是一流人士，只要你愿意，大可积极主动地去认识他们。我通常都会主动地问对方：'可以跟您聊天吗？'由于在飞机上确实也无事可做，所以对方通常都不会拒绝。因此，我在飞机上认识了不少顶尖人物。"

其实，这就是向上社交，也是人之常情，你无须畏缩，只需要拿出勇气和智慧来，与名人交往、沟通，不断地从内在和外在两方面一起提升自己，一步步迈入成功人士的行列。

当然，向上社交的范畴很广，并不是只有商业名流，还有那些文化层次高、有突出技能的人。与这些人交往，耳濡目染下，我们的知识体系、社会阅历也会随之提高，而同时，我们还可能因为机缘巧合，迎来新的人生际遇。

的确，每个人交朋友的标准都不一样，有些人喜欢结识能力、经验都不如自己的人，因为这样他们能获得一种快感、一种满足。但聪明的人决不会这么做，他们会努力结交一些比自己优秀、更聪明、更有能力的人，这样，不仅有利于提升自己的能力，更能在日后得到他们的帮助，他们懂得"和什么人交往，就会变成什么样的人"的道理。

当然，我们每个人都希望拥有和谐的人际关系，并且长久地持续这种人际关系，这取决于很多因素，而其中最主要的因素还是我们自己。外因要通过内因起作用，我们只有克服自身的弱点，才能编织良好的人际关系网。

当然，向上社交、拓展人脉圈，需要我们做到以下几点。

1.不局限于你经常接触的圈子

例如，学生可以争取以志愿者的身份参与各种重要活动、成功人士讲座、校外会展等；毕业生争取进入一流公司，通过职业交际结识更多的杰出人士。

2.阶梯形社交

如果不是机缘巧合，普通人很难一步结识行业领军人物。

所以，阶梯形社交往往更有效。具体方案是：先联系比你高出一层的人，再通过对方去接触比他高一层的人。当然，这样做的前提一定是，你的为人处世获得了比你高一层的人的认可，对方认同你的某些观念，他才可能帮你引荐。

这一方法的益处是，无须每天绞尽脑汁思考如何结识大人物，而是只要脚踏实地努力，就能和那些比你高一层的人建立联系，这样一步一个脚印，成功的可能性会大很多。

3.建立联系

在"行动"之前，你需要考虑的是，自己希望认识哪些人。在确定这一点之后，你就要收集一些关于这些人的资料，只有准备充分，在交谈的时候你才不会紧张。

通过社交结识生命中的"伯乐"固然是我们成功的重要手段，可是自身素质的高低始终是决定我们成功与否的主要因素。

4.创造被利用的价值

社交的本质其实就是价值互换。明白这一点后，你就会知道，"打铁还需自身硬"，想要进入优秀者的圈子，你首先自己必须优秀。

我们都知道，与更优秀的人相处有助于你快速地成长，所以你要抓住这个机会，不断地提升自己，实现自身的价值。等到时机成熟，再将自己的能力与价值展现给对方看，甚至是为他们创造价值，这样你才能够与他们建立起更深层次的关系。

5.学会察人

人际交往中的察人,指的是从细节中掌握交际对方的态度。其实,生活中,很多时候,我们人生道路上的伯乐并不是位高权重者,但他具有一些内在的潜质,我们要善于发现,可以从他的神态、表情中读懂其内心世界,从言谈举止中体会其生活品位的高低雅俗。这是一门巧识人心的绝技,当然,这需要我们有慧眼识人心的能力,一眼洞穿别人。

可见,拓展圈子,向上社交,与优秀的人建立联系并不能一蹴而就。我们必须巧用心思,一步一步进行,一个善于结交朋友、善于积累口碑的人,不仅会处处受欢迎,而且遇难有人帮、办事处处通!

改变观念，哪怕不喜欢的人也可以结交

和别人交往时，不可能每个交往的人都是自己喜欢的人，将自己对对方的感情表现得太过明显，往往显示出的是我们的不成熟。聪明的人应该知道，就算是自己不喜欢对方，也没必要非得和对方保持对立，不喜欢也可以做朋友，说不定，对方还是你生命中的贵人呢。

我们身处社会，会遇到各种各样的人，不能保证所有人都是自己喜欢的人，不管是在公司中，还是自己生活的小区里，抑或自己在街上碰到的陌生人中，总有些人会瞬间让我们产生无限的好感，但也总会有人引起我们深深的反感。可能对方的语言太粗野，或者对方的处事方式非常让自己厌恶，总有一些理由会让我们讨厌对方。

我们与人交往主观性太强，往往就会引起情感偏差。对方对自己不好，或者对方的成绩让自己嫉妒，我们就不喜欢对方，甚至是讨厌对方，这样的做法往往会影响到我们以后的发展。

我们在职场上会遇见性格不同的领导，有的领导会在工

作中磨炼我们的意志，锻炼我们的素质，激发我们的潜能，让我们全面提高，不断发掘出我们身上所有的潜能，短期的刻苦磨炼是为了让我们以后飞得更高，飞得更远。这种贵人往往扮演着严师的角色，有时会引起我们的反感，但当我们在事业有成之时回首望望，就会发现，他们才是自己人生路上真正的贵人。

生活中的一些人，也并不全是我们喜欢的人，但是就算是我们不喜欢对方，也没有必要和对方闹僵，这是很不明智的。因为对方也有很多人脉，彼此可以作为朋友共享人脉资源，甚至有可能成为很好的合作伙伴关系。这样一来，对方就成了自己的伯乐。

有些人性情非常耿直，不喜欢对方就是不喜欢，甚至和对方说句话都会觉得浑身不舒服，不喜欢对方的情感可以理解，但是我们应该清楚，要想让自己的人脉更加宽广，仅结交一些自己喜欢的人，这样就是无形中在限制自己。成熟的人应该客观地对待自己接触的所有人，不会感情用事，与自己的伯乐擦肩而过。

只要对自己的前途有利，我们就应该放下自己的好恶，只有这样自己的人生路才会越走越广。

广交朋友,学会和不同性格的人打交道

"物以类聚,人以群分",一般的人都愿意和自己性格相近的人相处,这是无可非议的。一个人要和所有的人都成为亲密朋友,那是不实际的、不可能的。但是,如果我们能学会和各种不同性格的人打交道,工作起来就能相互协调,这样才会对自己有帮助、有好处。

人多好办事,所以我们要广交朋友。在日常生活中,我们总会遇见一些让自己心生厌恶的人。当见到这类人、听到这类人的声音时,我们总会产生自然的反感。但是,我们要明白,这是非常不理智的,容易造成互相敌对的局面,对自己害处多多。所以,为了不让自己到处树敌,我们应试着接纳自己不喜欢的人。

假如一直抱着冷漠的态度,你将会错过许多对你来说非常重要的人,也有可能与真正值得交往的人失之交臂。

比尔·盖茨和沃伦·巴菲特曾经是两个互不相干的人,两人之间甚至还存在很深的偏见:盖茨认为巴菲特固执、小气,不懂时代先进技术;巴菲特则认为盖茨不过是运气好,靠时髦

的东西赚了钱而已。但是，后来他们却成了知心好友。

在1991年的一天，盖茨收到了一张邀请他参加华尔街CEO聚会的请帖，主讲人就是巴菲特，他不屑一顾，随手将请帖丢到了一旁。盖茨的母亲微笑着劝儿子："我倒是觉得你应该去听听，他或许恰好可以弥补你身上的缺点。"母亲的话让盖茨清醒了许多，他决定去见一下这位大他25岁的前辈。

在聚会场所，同样抱有偏见的巴菲特见到盖茨后傲慢地说："你就是那个传说中非常幸运的年轻人啊。"盖茨是以一颗真心来结交巴菲特的，因此他没有针锋相对，而是真诚地鞠了一躬，"我很想向前辈学习。"这出乎巴菲特的意料，心里不由对盖茨产生了好感。

离会议开始还有一段时间，巴菲特和盖茨有意坐到了一起，一个讲述，一个倾听，两人惊讶地发现，他们有太多的共同点，都是白手起家，热衷冒险，不怕犯错误……不知不觉中，时间过去了一个多小时，意犹未尽的巴菲特被催促着来到演讲台上，他的开场白竟然是："在开始讲话之前，我想说的是，今天我第一次和比尔·盖茨交谈，他是一个比我聪明的人……"

随着交往的深入，盖茨逐渐了解了巴菲特：他对金钱有着超凡脱俗的深刻见解；他不但支持妻子从事慈善事业，而且身体力行，计划在自己离世后，将全部遗产捐献给慈善事业；他助人为乐，对待朋友非常真诚、信任，他的人格魅力经常打动

第 2 章
打开你的社交格局，去认识更多优秀的人

每一个与之交往的人……

人与人之间存在偏见，不能接纳，往往是彼此没有真心交往、主观臆测的后果。假如先入为主，抱着冷漠和过分警惕的态度，就会与真正值得交往的人失之交臂，留下人生遗憾。主动、真心地与人交往，这是结交朋友最可靠、最必要的途径。在交往的过程中，受益最大的其实还是自己。

在社会中，一些新人刚进入公司时，免不了会把学生时代的观念带进来，尽量避免与自己兴趣不同、印象不良的人做朋友；有的人只跟同时进公司且谈得来的人做朋友，或是只和年轻的同事交谈。如果总是这么做的话，即使本人没有什么恶意，也会使对方误会，使大家对你产生不满。

其实，人与人是有差异的，你不能强求别人都和你一样。认识到这一点，就会减少一些反感和厌烦的情绪，就能容忍性格上的差别。与性格不同的人相处，要学会在不同之中发现共同之处。同时，你应更多地了解对方，并努力去寻求对方的亲近和认同。这样，你可能就会理解他、体谅他、帮助他，你们慢慢地就会相互增进了解，甚至还可能成为好朋友。

求同存异、携手共进，才是一种成熟的处世方式。只有学会如何与不喜欢的人相处，你才能够顺利打入各种交际场合和圈子，成为受欢迎的交际能手。

善于借助前人的成就，往往能找到成功的捷径

在通往成功的路上，有无数的巨人可供我们学习。他们都有着与众不同的过人之处，他们的优点熠熠闪光，在暗夜中指引人们前进的方向。虽然成功的经验不可照搬和复制，但是总能够为我们的实践提供宝贵的经验，从而帮助我们更好地面对未来。很多人把对于成功人士的敬仰挂在嘴边，只是轻描淡写地说几句崇拜的话，就将事情抛之脑后了。事实上，在通往成功的路上，如果你能够踩着前人的脚印前进，就会避免很多白费力气的行为，如此一来，你的成功之路就相当于走了捷径。和那些在追求成功的过程中像无头苍蝇一样到处乱撞的人相比，思路的清晰和道路的明确，都将带给你巨大的优势。这就像是爬山，如果你想看得更远，你就要学会站在山顶极目远眺。否则，假如你一直在山下，即使耗尽眼力，也只能鼠目寸光。

皮特和刘峰是一起进入公司的，他们当初都是应届大学毕业生，没有任何工作经验。可以说，他们的起点是相同的。然而，短短的三年时间过去，如今皮特已经成为部门主管，而

第 2 章
打开你的社交格局，去认识更多优秀的人

刘峰则成了皮特的下属。对于这样的命运，刘峰说自己运气不好，其实他不知道的是，皮特是站在巨人的肩膀上才如此进步神速的。

刚刚进入公司的时候，皮特和刘峰一样，什么都不懂。但是，皮特很聪明，模仿能力很强。因为是做销售工作，所以每当听到经验丰富的老员工打电话时，皮特就会放下手里的工作，侧耳倾听。了解销售工作的人都知道，要想把销售工作做好，一定要有超强的沟通能力。正是在这样的偷师学艺中，皮特的销售语言积累得越来越多，运用起来也得心应手。有一段时间，皮特在发展中遇到瓶颈，不知道如何突破自己。那段时间他的业绩很差，而且郁郁寡欢，失去了信心。在这个时候，他没有放弃，而是找到当时的主管，和主管畅聊工作心得。主管听完皮特的倾诉，笑着说："你的感受是正常的。人生是螺旋式上升的，不可能永远直线上升，总要经过一段时间的徘徊和迷惘……"主管还给皮特讲了自己初入销售行业的很多趣闻轶事，帮助皮特清醒地认知自己的状态，从而更好地找到出路。

回忆这三年来的工作，皮特一直踩着巨人的肩膀往上攀登。他很清楚地意识到，自己的经验和前辈相比总是不足，学习必须长期坚持。所以，他总是盯着那些比自己更加优秀的人，从他们身上吸取经验，从而找到进步的捷径。而刘峰，一直埋头苦干，凡事都要靠自己慢慢摸索，因此他也就远远落后于皮特了。

在这个事例中,皮特不仅请教了主管,而且跟着老员工偷师学艺,其实本质上都是在踩着巨人的肩膀前进。所谓巨人,并非特指那些名垂青史、功成名就的人。生活和工作中,只要是比我们更优秀的人,都可以成为我们进步的阶梯。即使是普普通通的人,当你看到他的身上有值得你学习的地方,你也应该马上虚心学习。所谓虚心使人进步,骄傲使人落后,真是至理名言啊!

现代社会的发展速度非常快,任何人都不知道下一秒将会发生怎样的巨变。因此,我们唯一能做的就是做好现在的自己,抓住每一个机会学习,充实自我,这样才能以不变应万变,即使未来发生了什么事情,也可以以实力从容面对。就让我们从现在开始拓宽眼界吧,因为一个人眼界的高低决定了他人生的境界。当你放宽眼界,就会发现世界很大。一只井底之蛙是永远也不可能看到辽阔的蓝天白云的。尤其是当站在巨人的肩膀上时,你会觉得更加豁然开朗。

纵观古今中外,人类社会之所以能够飞速发展、持续进步,正是因为经验代代相传,也因为后辈对于前辈不断地模仿和学习。模仿,能够帮助我们最大限度地借鉴前辈的经验,学习,则让我们超越前辈,有所创新。在这样的代代传承中,人类就实现了持续的进步。当然,需要注意的是,站在巨人的肩膀上找到成功的捷径,并不意味着我们就要一切照搬先前的经验。要知道，每个人的情况都是不同的，而且时代的变化也改变了世界的格局和背景。东施效颦只会使你贻笑大方，唯有取其精华、去其糟粕，我们才能在模仿的基础上，有所创新，形成自己的风格。著名画家齐白石曾经对他的学生们说："学我者生，似我者死。"这句话的意思是说，学习他的优点并且发扬光大，最终形成自己的独特风格的学生，能够成家，而一味地只知道模仿、毫无自己的特点的学生，最终只会无路可走。不仅画画如此，一切的学习都是如此。归根结底，成功的学习，必须是在吸取前人经验的基础上进行合理的取舍，最终形成自己的风格，并且把自己的风格发扬光大。我们唯有保持自己与众不同的魅力，才能形成属于自己的标签。

"攀高枝"其实是一种积极的社交态度

人们在交朋友时大多会有一种想法，那就是喜欢找和自己身份地位都十分相近的，这样能够有很多的共同话语，或者找一些比自己身份地位低的人，这样自己能够有一种"俯视"的感觉，从而心中产生成就感。可是，这样的人生将很容易满足，时间长了，一个人的进取心就会被削弱，人脉也会受限，导致自己在做事时不能够找到能够借用的人脉，捉襟见肘。

俗话说："人往高处走，水往低处流。"一个人平时不能只是平视或者低头走路，而要时不时地抬头看看上面的景色。其实，交朋友也是，如果你能够勇于"高攀"，也许你的视野就会变得开阔，并且有时那些朋友会发挥意想不到的作用，巧用人脉，借力打力。

1.面对强者，要虚心求教

在面对比自己地位高、能力强的人时，不要直接选择回避，要摆正自己的心态，学会尊重他人，交往时要得体。

很多人在遇到各方面都比自己强很多的人时，会因为面子而选择回避，其实，这是一种机会的浪费，也许你所谓的自尊心得到了安慰，但事实上，你错失了一次拓展人脉和良好的学习机会。所以，在遇到比自己强的人时，要有一种平和的心态，要能够做到发自内心地佩服和尊重对方，这样一来，无形中就把自己和对方对等了，这才是对自己真正的肯定。

如果强于你的人主动提出交个朋友，那么你要礼貌从容地应对，不要一副受宠若惊的姿态，这样无形中你就矮了半截，要大方地和对方说自己非常荣幸。这样不仅会给对方留下好的印象，而且能够使你们在日后相处中非常融洽。

2.不要固守，要善于主动出击

机会不是等来的，在你等的时候，机会往往已经从你身边溜走。很多人是想和比自己各方面都强的人交往的，可是由于面子或者一些其他原因，总是不能够主动，这样就错失很多"高攀"这类人的机会。因此，可以选择适当的时机和对方进行交谈，看一看对方平时的言谈都有哪些习惯，自己的差距在哪，这都是非常有益的。所以，不要总是等，也许这样会让人觉得你很稳重，很淡泊名利，把一些事情看得很透，但是实际上，你会因为自己的保守而与自己的目标挥手说再见。

3.人脉只有在用时才会体现价值

人脉是一种无形的价值，它不会在平时的生活中一直特别显眼，恰恰相反，它只会在那些你需要的时候显现出来，从而让人感受到其中的价值。所以，要想让人脉在关键时刻发挥作用，就要对人脉进行维护，还要不断拓展。不要羞于"高攀"，这是拓展人脉的一种重要方式，意义非凡。

4.不要小看互相促进的作用

"高攀"不是坏事，因为"高攀"说明你有做得不足的地方，如果只是和那些与你一样的人相处，那么你必定不会发现这种不足，只有接触那些比你高的人，你才会知道自己应该怎么去努力。从另外一个角度看，每个人都有自己的特点，如果恰好你"高攀"的对象非常欣赏你的特点，他自己又做不到，一种互相促进的氛围就产生了，这也会使你们的相处更加有意义。

不要以为"高攀"是一件很难的事情，只要好好把握机会，就可以实现，而且通过向其求助，加深来往，往往能够增进感情。正如古人所说："与有肝胆人共事，于无字处读书。"人往高处走，交朋友也要"攀高枝"。

第3章

凡事预则立,向上社交也要创造机会

CHAPTER 3

制造神秘感,别轻易在优秀者面前亮出底牌

老子曾说:"鱼不可脱于渊,国之利器不可以示人。"意思是,鱼不可脱离深渊,国家的重大决策等不可以轻易拿出来夸示于人,否则很容易招致各种祸端。刚走进社会的人都比较单纯,受到一点儿小小的刺激或者听到什么称赞之语,便把自己毫无保留地展现给了别人,轻易就让别人看清楚了自己的底牌。结果,常常是自己暴露了弱点,别人掌握了自己的把柄。

轻易在别人面前亮出底牌的人是愚蠢的。因为这样不但达不到目的,而且容易使自己非常被动。因此,不论做什么事情,我们都要讲究策略,要有所保留,让别人觉得自己神秘。我们仔细观察就会发现,许多成功人士都善于制造神秘感,讳莫如深地给自己笼罩上一层光环,总是给人一种"雾里看花"的朦胧感,轻易不会让人看透,总是让人充满期待。

谭芸大学毕业后被一家公司聘用,她来公司报到的第一天,就让所有的人眼前一亮。她身上是一套简洁而高雅的西装,雪白立领衫搭配黑色过膝长裙,颈项间戴着一条银亮的白金项链,显得十分协调优雅。

同事们悄悄地议论着："看她这身行头，一定大有背景。"他们纷纷猜测，但谭芸什么也不说。每次她给家里打电话时，同事们总会看到她恭敬谨慎的神情，让人感到她的家世非同一般。不久，又有人说她是从省城来的高干子弟。

谭芸确实非同凡响。她的业绩好得让人嫉妒，往往轻而易举就能拉来许多客户。有些大客户还会专程来请她品茶聊天，但她却很少答应。大部分时间她都喜欢独自赏画、听古典音乐或阅读世界名著，气定神闲的模样看上去是那么与众不同。

实际上，谭芸的父母都是普通老百姓，由于前几年单位效益不好已早早退休。但她的神情总是显得从容闲适，言谈举止温文有礼。虽然当初她只是借表姐的白金项链用了一段时间，但她却引起了每个人的好奇心。

尽管谭芸从未编造过关于自己身世背景的谎言，对于同事的猜测和议论更是听之任之，不置可否，但她却成功地塑造了独特的"神秘感"，无时无刻不吸引着别人的注意力，让他们对自己抱有极大的兴趣，想要挖掘出她的秘密。

做到"保持神秘"其实是一个人的阅历和性格体现，这是做人的一种境界。城府深的人不会一开始就展示自己的全部。自古以来，凡是成功者都很少谈论自己或他人，更不会轻易泄露自己的情况。别人越是不了解你有多少本事，就越想了解你的实力。培养足够的实力却不做非必要的表现，这就是做人的技巧。

保持一点神秘感就是保持魅力，经常保持神秘感的人能够吸引大家的兴趣。比如，你是一位厨师，把话题引到烹调方面后，千万不要宣称你就是厨师。不立即吐露一切的做法，能让别人产生追根问底的欲念，增强你的神秘感。只有保持一种神秘感，才能维持和展现出自身的魅力。神秘莫测的人，你越和他交往越觉得他高深。这样的人一定具有广博知识与敏捷的反应，能够随时应对各种状况，绝不会出现江郎才尽的窘态，永远有出人意料的惊人之举。

聪明人如果想得到别人的尊敬，就不应该让别人看出自己有多大的实力。让别人知道你，但不要让他们了解你，没有人看得出你才能的极限，也就没有人感到失望。让别人猜测你的才能，要比显示自己的才能更能获得他人认同。

雪中送炭，往往比锦上添花更让人感动

相信我们都有过这样的体验：当我们饥肠辘辘时，别人给我们递来一些面包。我们认为最美味的那个，一定是放入口中的第一个。第二个面包已明显不如第一个那般香甜，而第三个面包又比第二个差了一大截。当我们吃饱时，面包已经不能再引起我们的兴趣，即便是再来一桌山珍海味，我们也很难被激发食欲。这种心理现象被称为"边际效应"。

边际效应也叫作边际贡献，是指当人们向往某事物时，情绪投入越多，第一次接触到此事物时情感体验也越为强烈。但第二次接触时，这种情感体验就会变淡，第三次更淡……也就是说，我们接触一种事物的次数越多，我们的情感体验也就越淡漠，一步步趋向乏味。边际效应原本是经济学上的概念，意思是对于同样的东西，其价值与它所满足的需要成正比。正是因为这个效应，在人们心中，雪中送炭往往比锦上添花更让人感动、铭记。

美国著名企业家马丁·金斯博曾经说过这样一个故事。

在他的记忆中，童年的天空永远是灰色的。他很小的时

第3章
凡事预则立，向上社交也要创造机会

候，父亲就去世了，他只能和母亲相依为命。马丁生来残疾，他的腿是畸形的。为了治好他的腿，母亲披星戴月地工作，为马丁攒手术费。后来，功成名就的马丁想起那段日子，还是会感到压抑和悲苦："那个时候的我，看什么都是灰暗的。生活没有希望，我看着自己的腿，也根本想不到未来。"

在马丁感到绝望、对生活失去信心时，一个陌生人的关怀打开了他的心扉，让他的双眼重新看到光明的未来。对马丁来说，那是人生最棒的一个感恩节——虽然起初他并不那么认为。他孤零零地躺在一家社会福利医院的病床上，明天双腿便要接受手术，而母亲却为了他的医药费在工厂里加班加点地干活。一想到母亲这些年的辛苦，想到她连感恩节都无法舒舒服服地吃一顿像样的饭，马丁心中莫名难过，眼泪便难以抑制地流了下来，一时间竟打湿了大半个枕头。这时，一位护士听到哭声循着方向找了过来。她看了看马丁，心中明白了一切。她擦去马丁的泪水，邀请他共进感恩节的晚餐："小伙子，我其实也很孤单。因为值班，所以我不能回家与父母团聚。你能陪陪我吗？"

见马丁点了头，护士便去拿了一大堆美味的食物来。他们一起开心地吃着火鸡、土豆以及各种甜点，边吃边聊天。护士告诉马丁，手术并没有想象中那么可怕，一切都会好起来的。为了陪伴马丁，护士没有按点下班。直到马丁沉沉睡去，护士才起身离开。

护士的陪伴和话语，让马丁的内心不再感到孤独与绝望。他的生活又开始充满希望，也由此学会了感恩、友爱。以后的日子里，他对别人付出的关心，为他赢得了众多的友谊，而这些朋友也成为他成功道路上重大的助力。而那一个感恩节也永远留在马丁的心中。后来，每当有人问他这辈子最感激的人时，他总会想起这个护士。

从马丁的故事中，我们看到了雪中送炭的力量。对于一个孤独、贫困而又对未来感到绝望的男孩，护士的善举无异于他的救命稻草，让他在黑暗中看到了光明。如果护士的举动出现在马丁已经功成名就、众星捧月时，相信不会给他带来如此深刻的感受。习惯了众人环绕的成功者，面对护士的陪伴与交谈，只会感觉这是锦上添花般的美意，难以在他的记忆中留下深刻的印记。

雪中送炭，是在他人最困难的时候伸出援助之手。哪怕只是一点微弱的力量，对你来说只是举手之劳，但对他人来说，就是三九寒冬中一盆救命的炭火，让他有了继续前进的可能，也在他的记忆深处刻下你的身影。锦上添花，是在他人风光得意之时为其摇旗呐喊，为其助阵添光。即便你再卖力，付出再多，对方充其量是接受你的美意，并有所回报；弄得不好，自己还会被列入溜须拍马之流，得不偿失。

在社会交往中，感情投资也是一种需要技巧、讲究回报率的投资。在边际效应的影响下，雪中送炭无疑是一种回报率超高的投资方式。那么，我们在进行感情投资时，该从哪些方面着手，才能真正做到雪中送炭，避免自己成为阿谀奉承者呢？

1.不求回报

我们说，努力做到雪中送炭本身就是为了提高投资的回报率，现在却又要我们不求回报，两者之间不是相互矛盾吗？其实从长远、客观的角度来说，这两者之间并不矛盾。感情投资本身就是一项长久性投资，想要立竿见影，无异于异想天开。正因如此，只有我们有耐心、有毅力，抱着不求回报的心态，才能将这种长久性的投资持久地坚持下去。如果我们总想着每次投资都应该有回报，那么势必导致我们在帮助他人时功利心太过明显，毫无真诚可言。这种急于求成的心态不仅会影响到我们感情投资的回报率，更会使我们的人际关系受到损害。要知道，无论是回报率还是人脉，都建立在真诚的基础上。

2.及时出手

有的人面对他人的困难，想帮又不敢，帮了又犹豫，反复的态度让受助方深感困扰，有时甚至越帮越忙。他人有难，尤其是朋友陷于困境时，我们应该抱着义不容辞的态度伸出援手，要真诚，更要及时。要知道，你的犹豫可能会使你失去雪中送炭的机会，使你已经提供的帮助意义大减；甚至，你的旁观者姿态对急需帮助的朋友来说，可能会成为压垮骆驼的最后一根稻草。

3.事后闭嘴

施惠于人后,有人恨不能大张旗鼓地让全天下都知道他乐于助人,有人总要三番五次地明示、暗示受助者记得他的恩德,这些行为久而久之都会引起受助者的反感和抗拒,让你的付出不再具有友好、真诚的意味,也会让双方的关系朝着你最不希望的方向发展。我们只要记得,受人之恩,涌泉相报;施人之恩,不求回报。帮助别人后,你的沉默会换来受助方更大的感激和尊敬。

在我们的人际交往中,锦上添花往往不如雪中送炭让人感动之至,让人刻骨铭心。一个正在吃香喝辣的人,你送他一杯美酒,他可能还你一个微笑或谢意;一个正在沙漠中长途跋涉、几天水米未进的人,你送他一杯白水,他会在自己有能力时,还你一片汪洋。这种心理差距,就是边际效应的一种表现形式。而这种心理现象,也教会我们一种高效的投资方式。

主动吃亏，是一种人情上的付出

我们常说，吃亏是福，相信我们当中的很多人，从小都是接受这样的教育长大的。当有人向我们抱怨命运的不公时，我们自己也经常劝别人"吃亏是福"。只是，这个几乎人人都明白的道理，却很少有人自愿去践行。对于吃亏，人们从本能上有着一种抗拒、排斥的情绪。

这世上没有没吃过亏的人，也没有永远不会吃亏的人，没有人有这样的运气。我们吃亏，那便意味着他人占了便宜。那么，与其小肚鸡肠、垂头丧气地吃了亏也不落人情，何不大大方方、心甘情愿地让他人占些便宜，让对方看到你的付出，记住你的人情呢？清代康熙年间的大学士张英，就深谙此道。

张英官至文华殿大学士兼礼部尚书，其次子张廷玉历康雍乾三朝，官至保和殿大学士兼吏部尚书、军机大臣。父子二人是当时有名的"父子宰相"，而张廷玉的几个儿子也都官居要职，累受恩封。张氏祖孙能够有此作为，与其深厚的家学渊源、克己忍让的传世家风是分不开的。

据《桐城县志》记载,张英在京为相时,他老家的人和邻居吴某在宅基地的问题上有了矛盾。张吴两家院子的宅基地都是祖传的产业,年深日久,早已算不清中间那块地究竟应该怎么划分。为了这块宅基的所有权,两家闹上了公堂。由于案子涉及当朝宰相,而吴家也是名门望族,当地官府不愿蹚浑水,只能和稀泥,结果搞得两家的矛盾愈演愈烈。张家人修书一封,请远在京城的张英出手,希望借着他的官威解决此事。

张英看完来信,并不作声,只是来到书案旁,提笔写了一首打油诗作为回信:"千里传书只为墙,让人三尺又何妨。万里长城今犹在,不见当年秦始皇。"写完后,便派前来送信的人火速将信带回老家。老家人见到有了回信,喜不自胜,以为有了张英的过问,赢得宅基地已是板上钉钉的事。然而,打开信后,大家的心都凉了半截。但仔细思量后,张家人遵照张英的指示,主动让出三尺。此举一出,人们纷纷竖起了大拇指,对于宰相一家的宽宏大量赞不绝口。而吴家见张家如此忍让,也受到了感动,遂将自家围墙也拆让三尺。就这样,两家的纷争和平解决,没有大动干戈。两家的围墙之间空出了一条六尺宽的巷子,人们为了纪念这件事,将这个巷子命名为六尺巷。

张英在朝为相,本可利用自己的权势争回三尺宅基地,然而,他却主动退让,选择让出三尺。他的决定看起来让张家吃了亏,但实际上,他们赢得了吴家的尊重,赢得了百姓的爱戴,和这些比起来,区区三尺宅基,又算得上什么呢?他的处世态度,不仅为自己和家人赢得信任和尊重,还深刻地影响了张氏一门。他的吃亏精神,他的以身作则,让张氏子孙后代都深受其教,身体力行,从而使得祖孙几代都能取得如此显赫的成绩。

感情投资是一项长久的投资策略,人脉需要天长日久地积累,才能聚沙成塔、百川汇海。主动吃亏,能让我们在人际交往中一点一点地获得他人的好感、尊重和信任,让我们身边的朋友越来越多,越来越交心。

然而,我们所说的主动吃亏,也不是毫无原则与底线的。吃亏也要讲究策略,有一定的学问。那么,我们在日常的社会交际中,怎样吃亏才是福呢?

1.只吃非原则性的亏

主动吃亏和被动吃亏的不同在于,选择主动让我们拥有吃亏的底线,而这个底线,取决于我们自身实际的物质和精神的承受能力。有的人生性懦弱,在人际交往中总是处于劣势,经常被动吃亏,这并不属于我们倡导的吃亏范畴。我们的主动退让,主动让给他人的利益,都应以不损害我们自身根本利益和做人原则为基础。无底线地牺牲自己成全他人,不会被他人看作伟大或奉献,只会让人觉得软弱可欺。

2.不惧吃亏,调整心态

从某个角度来说,人生是处于得失平衡的状态中的。主动吃亏，看似失去了物质，却在精神上获得欢愉与满足。付出多于回报的人，他的内心是充实的，是坦然的，能够拥有这种心态，本身就能获得极大的幸福感。而所得总是多于付出的人，他很容易陷入心理劣势，终日惶恐不安，唯恐得而复失。张英在其所著的《聪训斋话》中写道："每思天下事，受得小气，则不至于受大气。吃得小亏，则不至于吃大亏。此生平得力之处。凡事最不可想占便宜。"盲人夜路点灯，看似白花了灯油钱，吃了大亏，实则收获了自身的安全，更收获了他人的感激与敬重。得失之间，孰轻孰重，一目了然。

3.吃亏吃在明面上

会吃亏，敢吃亏，是一种交际智慧，也是一种处世态度。我们强调不可抱着"吃亏就必须获得回报"的心态，但无论如何，吃哑巴亏，总归比不上把亏吃在明处。背后的付出固然伟大无私，但通常不易让人察觉。给人便宜，让他获利，就应该让他看到、明白你的付出。人情的累积，首先要让对方心中有数。

人生的快乐来自付出，而不是索取。人生的成功在每一次适时适当的吃亏中得到积累，从不会在贪婪的占有中获得。大凡身边高朋满座、获得成功的人，都是目光长远、心胸宽广之人。他们往往专注于长远的利益，而不会执迷于一时的得失祸福。

学会储蓄人情，是主动搭建优秀人脉的开始

在人际关系中，人情的力量是毋庸置疑的。在社交场合中，人情是与人相知、相识的信誉卡；在职场上，人情是你晋升的桥梁；在商场上，人情是你驾驭他人的法宝。这就是人情带来的影响力，人情可以使人在负债心理的影响下，激发出感情，而感情则是人们愿意为某个人或事物无偿付出的基础。

正所谓"晴天留人情，雨天好借伞"，人情是一种良性循环的资源。生活中，我们在与人交往的时候，要学会让自己为人所用，因为主动付出是搭建人脉的开始。这既能显示你的价值，也是在储蓄人情，人情储蓄得越多，你的人生之路就会越宽广，成功也就更有胜算。

大观园中的王熙凤，虽说刻薄尖酸，做错世间万千事，却做对了一件，那就是对刘姥姥进行了情感投资，虽说是无心，却救了巧儿。

刘姥姥一入荣国府时，不过是家中度日实在艰难，带着板儿前来要点赏钱，但自此与贾府结下了不解之缘。凤姐是个好体面的人，什么事情都喜欢揽在自己身上，以表明自己的精

明能干,对于不相识的人前来巴结,不论心里是否瞧得上,面子上总要过得去,礼数上要好看。因此对于贾芸等附势巴结的人,虽然她心里并不待见,但表面上还是做得很漂亮。刘姥姥第一次登门的时候就属于这种情况,不过是虚情招待一番,但礼数上却做得很好,刘姥姥自此心存感激。

刘姥姥二入大观园,其实凤姐本来也并没想特别招待,毕竟是个乡下的老太太,不必自己劳神,可不意此事被贾母得知,贾母宅心仁厚,请刘姥姥前去陪同游赏宴饮,颇为投缘。因此,这一次凤姐是看在贾母的面子上招待刘姥姥。

第三次,正值贾府家败之时,凤姐亦染重疾,自知不久于人世。俗语云,人之将死,其言也善,又云患难见真心。此时刘姥姥已然是凤姐眼中唯一可托之人。所以此时的凤姐是有求于刘姥姥,感念刘姥姥的恩德。

而在病中的凤姐见到前来探望的刘姥姥,便将巧儿全权交给刘姥姥。

虽说王熙凤是无心插柳,却结了善果。这就是感情投资带来的益处。生活中人们也必须懂得如何做人处世,与人交往的过程中要学会主动付出,只有播种,才有收获,这是亘古不变的道理。

因此,一个聪明的人,除了掌握自己的基础知识,还懂得储蓄自己的人情账户,积累自己的人情财富,他们懂得搞好关系需要付出,从而不断扩展自己的人脉关系,进而可以在一个更大的舞台上演绎人生。

人际交往中，我们都希望能获得他人的重视，这是对自我价值和能力的一种认可，尊重别人是一种美德，受到别人尊重是一种幸福。但重视是相互的。我们若希望得到他人的重视，就要首先重视他人。日常生活中，你是否经常遇到这样的情况：你是否忘记了某个下属的名字，但某次会议上他却提出了一个建设性的意见，并为你解决了一个大难题？你是否曾经觉得你的助理毫无用处，但他却在某个关键性的场合为你送去了关键性的资料？其实，我们身边的每个人都在发挥着不可替代的作用，他们都应该受到重视。

的确，互相尊重和重视是做人最起码的准则，更是一种谦逊为人的体现。不知道尊重别人的人，是不会走得很远的，逞一时之快，自私自利的人，是不会受到大家的欢迎与认可的。

重视别人不代表你的懦弱，蔑视别人也不能表示你的强悍。在人与人之间的交往中，需要理解、信任与尊重。你对他人的重视必当换来他人同样甚至更多的"回敬"。

其实重视别人很容易，重视了别人，别人也会重视你，即使那个人是你不喜欢的，也请你尊重他的语言，把他的话当成"话"来对待，受到帮助说声"谢谢"，做了错事说声"对不起"，尊重他人，其实也是尊重自己。

天下没有免费的午餐，你若想别人能助你一臂之力，你就必须学会付出，先为人所用，学会施恩，与人交往的过程中，不能锱铢必较。其实，生活中处处是资源，只要你真心帮助别人，你就为自己添了一笔人际财富。

所以，我们要从长计议，看远一点，用情感来维系，坚守自己人情投资的立场，这样自然就能拥有好的人情关系。

与人交往中，主动付出的含义很广，但无论如何，我们都要学会关心帮助别人。患难识知己，逆境见真情。当一个人遇到坎坷，碰到困难，遭到失败时，往往对人情世态最为敏感，最需要关怀和帮助，这时哪怕是一个笑脸，一个体贴的眼神，一句温暖的话语，都能让人感到安慰，感到振奋。当别人遇到困难，陷入困境时，你能伸出援助之手，帮助困难者，安慰失意者，就可以很快赢得别人，建立起良好的人情关系。如果对别人漠不关心，麻木不仁，小心吝啬，怕招来麻烦，交往很可能因此而中止。

总之，主动付出是搭建人脉的开始。这样，你的人际关系自然就会好起来。你的生活圈子中到处都是你帮助过的人，你还会担心自己不能成功？

第 3 章
凡事预则立,向上社交也要创造机会

让优秀者多"看到"你,增强人际吸引力

蔡亚亮新进一家公司有一段时间了,同事间还算熟悉,但是与领导见面的次数几乎为零,每次只能看到一位位大领导的背影。

那天上班,蔡亚亮正好和公司总经理一起搭乘电梯。当时,蔡亚亮感到非常兴奋。和总经理打过招呼之后,蔡亚亮对总经理说:"秦总,我听说公司刚成立时很艰辛,只有一桌一椅,还有和您一起打拼的林总,这是真的吗?"

"确实是这样的,当年的条件跟现在可是没法比的,经营非常困难,但是那个时候也是有胆识就能拼事业的年代。想当年……"没想到一句话打开了秦总的话匣子,秦总自豪地谈起了自己早年创业的经历。甚至离开电梯的时候,秦总还是意犹未尽。

"秦总,您的创业史真的是非常让人敬佩,很励志也很令人感动,希望以后有机会能够听您继续说说您的故事,感觉很受教。"

"哈哈,好,小伙子,你在哪个部门?叫什么名字?"

"蔡亚亮。我在销售部。"

"那好,我知道了,去上班吧。"

"好的,秦总您先忙,有时间我去请教您。"

其实,当时秦总也只是客套地问了一下蔡亚亮的基本情况,随口聊了几句。随后,对他的印象也就慢慢淡了,毕竟总经理的工作是很忙的。但是,蔡亚亮却努力创造与秦总见面的机会,因为他觉得对自己将来的发展来说多少是个机会,他想通过多见面的方式与领导混个脸熟,在熟悉的过程中不断展现自己的才华,这样自己才能不被埋没。

于是,蔡亚亮总是用心关注秦总上班的时间,注意他平时的习惯和兴趣爱好,努力增加见面次数,不断让自己的印象刻在秦总的心里。

经过一次次"偶遇",秦总和蔡亚亮的熟悉度越来越高,从一次次谈话中,秦总对蔡亚亮有了很深的认识,觉得他是一个可塑之才,逐渐增加了对他的欣赏。

也正是自那以后,秦总记住了蔡亚亮这个名字。

后来,秦总出去办事的时候都带着蔡亚亮,因为他的口才非常出众,总是能博得客户的喜欢。

若想增强人际吸引力,就要留心提高自己在别人面前的熟悉度,这样可以提高别人喜欢你的程度。那么,不管是职场上还是生活中,如何达到让别人"多看到"我们的目的呢?

第3章
凡事预则立，向上社交也要创造机会

1.多去创造见面的机会

你需要详细了解对方的信息，可以花些心思去了解他平时的活动范围，比如，在什么时间、什么地方吃饭，周末如何度过的等，然后在特定的时间、特定的场合及时出现，这种时候只需要打个招呼或者问个好。积少成多，你们相遇的机会多了，不知不觉间就成了熟悉的"陌生人"。

2.关系需要好好维持

到朋友家中多走动走动，哪怕只是露个脸，小坐一会儿，也有助于提高你的人际吸引力；多与同事拉家常，多与领导交流，往往能够帮助你赢得群众基础，受到领导的器重。

在实际的人际交往过程中，如果稍微细心观察就会发现，那些人际关系很好的人往往把"多看效应"发挥得非常完美。他们善于制造和朋友接触的机会，以此提高彼此之间的熟悉程度，让对方对自己的好感不断增强。

与优秀者交往，人情才是最好的礼物

现代人的生活离不开社交活动，丰富多彩的活动必定会涉及人情，而人情债是一笔世界上最难偿还的债，人活一世，不欠人情是不可能的。所以从这个角度看，我们可得知一个道理：为人处世，我们要用好所谓的人情债。

礼尚往来，朋友之间你来我往，带点礼物再正常不过。但很多时候，出于戒备心，我们送点礼却会被认为带有明显的功利性，被人防范。但如果我们在工作和生活中，举手之劳，帮人一把，则会给人留下好印象。今日你对他人施恩，他日也必将有所收获，可见，人情才是最好的礼物。

小王在一家杂志社做编辑，由于杂志社的资金并不充足，稿费偏低，而领导又不愿意降低杂志的水准，他只好运用人情向一些作家邀稿。这些作家与他私交不错，但多次之后，其中一位很坦白地告诉他说："给你写稿，是因为我们是朋友，你也知道我是自由撰稿人，靠稿费吃饭，你们杂志虽然品位不俗，却是透支人情而维持的，错不在你，却令我十分为难。"

或许，有人会觉得这位作家比较市侩，但他道出了为人处

第3章 凡事预则立，向上社交也要创造机会

世最简单的道理。在生活中，人与人之间总会有些"人情"，因此，许多人总是喜欢用"人情"做事。但"人情"总是有限的，不是无条件的，更不可以任意支取，它所讲究的是互惠互利，就好像在银行存款一样，你存得越多，你可以领取的才会更多。

因此，如果你希望获得友谊，就要在平时多为朋友付出，你想让别人怎样对待你，你就要怎样对待别人。你若希望得到回报，就必须先学会付出。

刘云是某电器公司的销售部经理，在她所在的城市，她的公司几乎垄断了几家大型公司的电器市场。

当下属问及"刘经理是怎么做到"的时候，她说："其实做法很简单，那就是经常联络这些公司的重要人物，然而，我要结交的不仅是这些高层，对于那些级别稍低的干部甚至普通员工，我们也要维系感情。"

接下来，刘云说："联络他们，也要有的放矢。在'行动'前，一定要先调查清楚你所打交道的人的学历、人际关系、工作能力和业绩，进行一次全面的调查和了解，认为这个人是个潜力股，日后可能有所成就时，你就要记住，不管他有多年轻，你都要尽心对待。"的确，刘云明白，这样做虽然暂时看起来会比较亏，但这却是播种人情很好的方法。

刘云是这么想的，也是这么做的。现在，无论哪行哪业都有她的朋友。在这些朋友中，有谁晋升了或者加薪了，她都会

第一个帮其庆祝，当对方感激时，她却说："我们公司有现在的市场和成绩，完全是靠贵公司的帮助，因此，我向你这位优秀的职员表达谢意，也是应该的。"这样说的用意，是不想让这位朋友有太大的心理负担。几乎她所有的朋友都认为她是个大好人，因此，她的生意总是源源不断。

这则故事中的刘云是个很善于维护人脉的人，她的生意之所以能在竞争激烈的时期仍然生意兴隆，就是因为她在平常经常维护人脉。的确，日久才能生情，日常生活中多关心你的朋友，才能在关键时刻得到朋友的一臂之力。

当然，关心朋友、对朋友付出也是一门学问。具体来说，你需要注意以下几点。

第一，要学会施恩于人，不计较自己的得失。无论如何，求人办事并不容易，提前投资才能储蓄人情。

第二，学会化零为整，瓜熟自然会蒂落，看似一个小小的帮忙，但对于他人而言可能是意义重大的情谊。

第三，细心发现需要帮助的人，体贴入微，给予别人需要的，才是最有价值的人情。

当然，主动付出，我们也不可打肿脸充胖子。的确，"吃了人家的嘴软，拿了人家的手短"，对方一旦获得你给予的好处，就会替你办事。但若要想避免人情债，就要量力而行，了解自己的能力。

做人之道也并非秘不可解，学会对别人付出，你就会有回报，成功之路走得就会更畅通。学会做人是立世之本，提前进行情感投资是追求个人成功最保险的方式。一个能够为别人付出情感的人，才是真正富足的人。

成功后,要第一时间与曾经协助过我们的人分享

每个人都会努力去取得成功,那么在取得成功的那一刻,你想到了谁?无疑是那些给过你帮助和支持的人。在取得成功的时候,千万不要忘记那些曾经帮助过你的人,如果你能够在第一时间想到他们,那么你将会在今后获得更多的帮助,因为你积累了人脉,而且是那些最有用的人脉。所以,在任何时候,在人生的任何阶段都要记住,自己的成功要与那些帮助过自己的人一同分享。

在获得成功后,不同的人会有不同的反应,有的人会兴高采烈地告知自己的家人,和他们分享喜悦;有的人会告知自己的朋友,特别是那些帮助过自己的好兄弟、好姐妹;还有一些人会选择沉默,他们从来只会把成功归结于自己的辛劳,而将那些向自己伸出过援手的人抛在脑后,这是一个很不好的做法。

1.不要吃独食

功劳是要与人分享的,不能吃独食。在企业中,切记不要和自己的领导抢功劳,要记得感谢领导和同事,这样才能让自

己获得真正的"和谐荣誉"。

2.要分享经验

在自己取得成功之后,要和帮助过自己的人分享喜悦,同时不要忘记分享你的经验,这才是实打实的喜悦。自己成功后帮助别人获得成功,这绝对是一件高尚的事。然而,这样的事情说起来简单,做起来又有几人能够心甘情愿?所以,要在平时就让自己明白,没有别人的帮助自己成功是很难的,因此要知恩图报,分享自己的成功经验帮助他人成功,是理所当然的。

3.分享成功,促进关系

很多时候,成功之后与帮助过自己的人分享快乐,不但能够让对方感到你有一颗感恩的心,而且能够促进彼此间的往来,使关系更加密切,这对一个人的人际交往是非常有利的。

每个人对成功的定义不同,但不管如何,都不要忘记了那个帮助过你的人,要记得与他人分享你成功的喜悦。

第4章

向上社交也别目的性太强，彬彬有礼更得人心

CHAPTER 4

第4章
向上社交也别目的性太强,彬彬有礼更得人心

与优秀者交往,要从一个小小的招呼开始

著名成功学大师卡耐基认为,即便是一个礼貌性的招呼,也是不容忽视的,因为这也在传递正能量。我们在每天的人际交往中,都会频繁地与人打招呼,招呼表示一种问候、一种礼貌、一种热情。千万不要忽视了招呼的作用,一个小小的招呼是我们人际交往中的润滑剂。对同事的一个招呼,可以有效地化解彼此之间的敌意;对朋友的一个招呼,可以唤起彼此之间深厚的友谊;对陌生人的一个招呼,可以减少彼此之间的陌生感。总而言之,一个招呼可以使人与人之间的关系更加和谐、融洽,从而赢得他人的好感。特别是在我们与陌生人的交往中,一个独特而恰到好处的招呼更是必不可少。

有时候,一个看似不经意的招呼,却会加深你在陌生人心中的印象,会增加陌生人对你的好感。其实,向一个陌生人打声招呼并不是一件困难的事情。这只需要我们在见面时问候一声"早上好""中午好""晚上好",即便只是一个微笑、点头,也会让人心生温暖。并不需要挖空心思去与对方寒暄,只是打声招呼,就足以唤起对方心中的温暖。没有一个人能够拒

绝温暖的微笑和热情的问候,这些不仅能够博得对方的好感,也能够温暖对方冰冷的心。

1. 多一份亲切感

也许在初次见面打招呼的时候,双方都会觉得有点不自然,彼此是陌生的,也不会有多少共同语言。但是,当你们第二次碰到时,你喊出对方的名字,跟对方打个招呼,对方就会觉得有说不出来的亲切感。其实,人与人之间的关系就是这样建立起来的,一个招呼就足以让双方不再陌生。

2. 拉近双方之间的距离

在日常生活中,领导和下属打招呼,能够悄悄地拉近上下级之间的距离。这时候,领导不再高高在上,而是像朋友般亲切。因为一声招呼、一句问候而成了朋友,领导与下属之间就形成了一种平等的关系,当工作出现了问题,双方就可以共同讨论如何解决。

"太感谢您了,李经理,如果没有您的指点,我还真没把握能完成这个任务。"

"小林,谢谢你在我低沉的时候给我鼓励与支持,如果没有你,我不可能走到今天。"

"刘老板,谢谢您这几天对我的帮助,我明白了很多道理。"

"张姐,谢谢您那天为我解围,不然在客户面前,我都把公司的脸丢尽了。"

第 4 章
向上社交也别目的性太强,彬彬有礼更得人心

在生活中,我们经常听到诸如"谢谢您""多谢关照"之类的话。这样的话可以向别人表示感谢,能沟通人与人的心灵,建立融洽的人际关系。这些感谢词本来没有什么,但是一经说出,就产生了显著的效果,它缩短了与他人之间的距离,从而使交往变得更顺畅。在与人交谈的过程中,请记得多说一句"谢谢",因为这一句感激里面也暗含着一种赞美。

王海洋在五年前还是基层车间的一名钳工。后来工厂宣传科的科长李涵见王海洋文笔不错,顶着压力将王海洋调进宣传科当了宣传干事。

两年后,王海洋被调到工厂办公室当了秘书,而且颇受厂长赏识。但是,王海洋对李涵的知遇之恩一直牢记在心。

李涵和王海洋在工作中常常碰面,王海洋总是面带微笑,热情主动地和李涵打招呼。王海洋常常对别人说起李涵对自己的帮助,自己又是如何感激李涵。

有时由于工作原因需要和李涵同在一桌招待客人,王海洋除了向李涵敬酒,还公开说自己是李涵一手培养起来的,自己十分感激李涵。

王海洋在节假日还经常与李涵进行感情交流,或向李涵讨教写作经验,或到李涵家和他下棋打牌。李涵也逢人便夸王海洋是好样儿的,两人的感情与日俱增。

常说"谢谢"会使人变得有礼貌、有教养,对自己身心的

健康发展也是有好处的。科学研究表明,生活态度积极向上,处处心怀感激的人,除了拥有更高的幸福感、更加健康的身体,与人相处也更加融洽。感恩的心态使他们有着积极乐观的生活态度,面对压力与困难时也能平稳度过。

其实,别人帮了你的忙,你好好地表示谢意,是最基本的礼貌,倘若不懂得这一点,势必会让对方失望。试想一下,人家辛辛苦苦地帮了你的忙,连你的一句谢谢都换不来,假若是你,心里会如何想?

1.感激之情,请及时表达

感谢的话要首先说出来。当接受朋友恩惠或帮忙时,千万不要存有"感激之言留着以后再说"的心理,唯有懂得适时表达感谢之意的人,才能于所到之处皆受人喜爱,受人欢迎。

2.知恩图报,让善意传承循环

得到了别人的帮助,一定要记得回报。回报的方式可以是多种多样的,既可以在别人需要帮助的时候尽力帮助他,也可以将善意回报给社会,帮助其他需要帮助的人,将善意传承下去。

答谢是对别人的好意或某种高尚行为的一种回报,也是对他人的一种赞美。别人为你做了一件哪怕微不足道的小事,你也必须要说声"谢谢"。尤其是在办公室里,假如你的领导或同事帮助了你,你一定要懂得感恩,及时向对方表达谢意。

第4章
向上社交也别目的性太强,彬彬有礼更得人心

寒暄问候,能敲开向上社交的大门

寒暄是人与人建立交流的方法之一,它能使不相识的人相互认识,使不熟悉的人相互熟悉,使单调的气氛活跃起来,为双方进一步攀谈架设桥梁,沟通情感。和陌生人初次见面,因为两个人彼此都不了解,所以谈话往往不知道应该怎样开始,这时,寒暄就可以派上用场。比如:"今天天气不错!""最近都在忙什么啊?"这些话听起来好像不重要,但是它们可以缓解尴尬的沉默气氛,让人感到亲切、舒适。

陈小姐是一家电子商务公司的销售主管,她很少在客户面前夸夸其谈,可那份亲切诚恳的气质和绝佳的口才,却赢得了上百位客户的心。

提起约见客户,公司一位新入职的女业务员心理压力很大,总是跟陈小姐抱怨,不知道见面时该跟客户说什么。像平常一样打个招呼说声"您好",显得太没新意;贸然带着礼物上门,目的性又太强。

言传不如身教,陈小姐在一次出差时带上了这位业务员,那是一项棘手的任务,对于公司提供的方案,对方看了之后不

太满意,看样子是不太愿意合作了。陈小姐此行的目的,就是说服对方,挽回合作的机会。作为业务代表,女下属心里一直忐忑不安,她心里想着:去了之后说什么呢?跟对方道歉?如果他们咄咄逼人,该怎么办?

抵达A市后,接待她们的是对方公司的副总。见到客户,陈小姐说的第一句话是:"林总,我得先谢谢您,让我在生日的这一天,又回到了自己的家乡。"那位副总是A市人,听到陈小姐这么一说,顿时觉得亲近了许多。两个人聊起A市这些年的变化,甚至还谈起了当年读书的学校,随行的女业务员听得聚精会神。最后,还是林总主动说起合作的事,在此之前两个人已经聊得如此投机,合作的事很快就达成了一致。

出差回去的途中,女业务员不禁对自己的女领导产生了崇敬之情。从前,只觉得她为人亲和,现在才知道,她在业务上也很出色,面对陌生的客户,通过一番寒暄就拉近了彼此间的距离,确实不简单。

听着下属的恭维,陈小姐会心一笑,故作严肃地说:"我可不是为了让你夸我,才带你来的啊!我就是想让你知道,谈话是需要氛围的,在正式交谈之前,要说上几句寒暄和问候语,这样能让不相识的人相互认识,让不熟悉的人相互熟悉,让严肃沉闷的氛围变得轻松活跃。"

寒暄传递的是令人开心、促进友好的信息,是交谈中不可缺少的"佐料"。一句"早上好!""再见!您慢走!"传到对方耳中，送去的是温暖与关怀，所以寒暄之"暄"从"日"不从"口"，为温暖之意。社交中，通过寒暄，给对方多一些温暖与关怀，有利于沟通感情，创造和谐的交流气氛，这正是成功交际所需要的。

巧妙寒暄，拉近彼此距离，你需要做到以下几点。

1.注意声音的大小

寒暄时的声音不宜过小，小声说话往往会给人不够开朗、缺乏自信心的感觉，这时就算说话的内容再精辟，给人的感染力也不会太强。

2.要充满感情

无论在学校、在职场还是在家里，"上午好""下午好""晚上好""晚安"这类的问候语要天天说。比如，和老朋友在街上相遇时，要相互打招呼；同事之间每天在办公室见面时要相互问候；左邻右舍在电梯或楼梯上相遇时要互相打一声招呼……

3.要看对象、分场合

问候语具有非常鲜明的民俗性、地域性的特征。比如，老北京人问别人"吃过饭了吗？"其实就是类似"您好！"的问候，你要是答以"还没吃"，就不大合适。如果还用这句话问候外宾，就容易发生误会。因此，如果你对对方的身份不是很了解，那就说一些比较常见的问候语，以免造成误解。

4. 带着你的微笑

虽然寒暄时的用语和表达方式会因为每个人的文化和习惯有所差异，但是寒暄中的"笑脸""主动打招呼"是普遍的准则。生活中，许多人对于不带微笑的寒暄，极易产生不快的感觉。假如我们有求于别人，遭到别人微笑地拒绝，我们也不至于太过抱怨。

寒暄还能传递尊重和关心。试想，如果一位客服人员没有与客户寒暄，进门后只谈与工作有关的话题，恐怕客户会认为客服人员对自己不够关心，双方的关系也就不会那么融洽，当然，客户也不会主动说出自己的新需求了。

社交中的好感，从一个得体的称呼开始

称呼，是人与人在交往中一方对另一方的称谓。虽然，在日常的生活中，我们并没有过多地重视称呼的变化，但实际上，善于称呼才能为你赢得好感。在我们的日常交际中，称呼是一种很友善的问候，也是人与人之间交往的开始。中国自古就注重不同场合下文明规范的礼貌称呼，当然，也有朋友之间的昵称或者绰号。在某些时候，怎么称呼别人，是一件很讲究的事情。如果你能够称呼恰当，会让对方感到很亲切，也能够帮助你在人际交往中如鱼得水，事半功倍，给对方留下一个良好的印象。相反，如果你称呼不恰当，往往会惹得对方不快，甚至产生恼怒情绪，使双方的交流陷入尴尬的境地，导致交流失败。

"伟明，我们班明天上午第一节课需要教导处安排一下，谢谢你了！"

"海大哥，明天我试教，麻烦你来听一下，多提宝贵意见噢。"

"阿坤，我们班的阳光指数好像有些出入，我想和你讨论

一下。"

"萍大小姐,今天下午1点,少儿频道来采访你们班的'道德银行',你准备一下。"

这些天来,老师们不断地在办公室听到这样的称呼。被称为"萍大小姐"的方萍老师笑言:"刚开始时还觉得不习惯,可后来才发现这样的称呼挺有意思的,比以前的直呼其名亲切多了,我们在这样轻松的氛围中愉快地工作,连工作效率也提高了不少。"

在小学教育集团的校园里出现了这样的现象,不论是打招呼,还是公务往来,许多老师之间不再直呼其名,取而代之的是更显亲切的昵称。这种变化是从新校长来了之后开始的,当校长亲切地称呼老师的时候,老师们感觉好像一家人一样。老师们做起事情来更显主动,增强了集体荣誉感,拉近了领导和下属、同事与同事之间的关系。

俗话说:一滴水里见太阳。当你置身于一个公司,听到下属与领导之间彼此的称谓,就可以知道公司的文化及员工之间的关系大概如何了。从直呼其名到别样称呼,看似不经意的改变,却让置身其中的人感到无比亲切,提高了工作效率,增强了集体荣誉感,也和谐了领导与下属、同事与同事之间的关系。

1.不可直呼其名

有的人觉得,只要不是自己的父母长辈,直呼其名就可以了,这样也给自己省去了不少麻烦。殊不知,即便是不怎么熟悉的同事,如果你以直呼其名的方式来招呼他人,只会让对方感觉到不受尊重。所以,对于绝大多数人,他们都会在正式的拜访场合或者日常的交际场所避免直呼其名,这样会给对方一种特别的亲切感。

2.选择恰当的称呼

有人会感到不解,什么是恰当的称呼?称呼首先要以亲切感为原则。除了我们日常生活中稍微正式一点的"某某先生""某某小姐",职位等别样称呼不仅体现了尊重的意味,还有别于"先生""小姐"带来的生疏感,以一种别样的亲昵缩短了双方之间的距离。所以,舍弃直呼其名的称呼方式,选取别样的称呼,这会让你在复杂的人际交往中应对自如。

3.带点亲昵的称呼

许多人觉得"长幼有序",而彼此熟悉的同辈之间就可以"直呼其名",虽然这样的称呼也是无可厚非的,但是少了一份亲昵。所以,要想在人际交往中建立融洽的人际关系,就应该选择带点亲昵的称呼,这样在无形之中会拉近彼此的距离,增加亲切感,同时也让寒暄变得更加自然。

称呼他人看似很简单,却是一门不简单的学问。有的人习惯以"请问你是某某吗"或者客气地说"某某,您好",这样直呼其名,一下子就疏远了彼此之间的距离,而且直呼其名也显得很不尊重。那么，我们就需要以别样的称呼来代替直呼其名，恰到好处的称呼会让我们的寒暄听起来更贴切自然，所产生的交际效果也是意想不到的。

守时，是基本的社交礼仪

在现代社会，只有守时的人才是受欢迎的。拿时间当儿戏的人，常常与机会擦肩而过，最终伤害的其实是自己。不守时是一种不尊重他人的行为，久而久之，没有人愿意为等你而浪费时间，你的朋友也会越走越远。

小梁是一位刚毕业的大学生，他是一位很有能力的小伙子，但是他最大的缺点就是爱拖延，没有时间观念。有一次，小梁跟一家网络公司约好了面试时间。但到了面试那天，他却未能准时赴约。过了约定的时间10分钟后，小梁才匆匆赶来。面试官问他迟到的原因，小梁支支吾吾地说："哦，堵车，十分钟而已，应该不要紧吧？"

面试官很严肃地对小梁说："一个没有时间观念的人是不会对工作负责的，因为他都不能做到对自己负责，而且不准时赴约是一种不礼貌的行为，表示你对对方的不尊重。你未能准时赶到，已经失去了初试的机会。另外，我很不喜欢你说的这句话'十分钟而已'，这代表着你对我时间的轻视，十分钟能做很多事情，你没权利这样说话。"

受人欢迎的秘诀，首要一点就是要养成准时的习惯。路易十四说："守时重信是君王的礼貌。"它也是绅士的职责，并且对商人也是必不可少的。没有什么东西可以比守时这种品质能更快地赢得别人的信任，也没有什么东西比缺少守时这种品质能更快地失去别人的信任。在工作中，守时会给领导留下好印象。守时是赢得领导好印象的最好方法，也是一个人最基本的素质。领导对下属满意，不仅是因为工作做得好，最重要的是下属是可信的，而守时是用行动来证明自己的可信度的最好方法之一。

现在大多数年轻人都将"自由"二字当作生活的准则，这让年轻人习惯了什么事情都以"自由"为标准，但是，在社交中，守时是非常重要的。守时就是遵守承诺，没有例外，没有借口，任何时候都得做到。如果你有特殊原因无法应约，那也应该事先做好准备，给对方一个通知，并且不要忘记说一声抱歉。不要小看这一举动，因为它代表着你待人接物的态度，是一种礼貌，也是一种修养。

与人交际，免不了牵扯时间问题，做到守时会让你的社交达到事半功倍的效果，大家不妨从以下几点入手。

1.提前到达见面地点

如果担心时间不够或者是路上堵车，你可以提前到达约定地点的附近，找一个咖啡店或饮料店休息，时间差不多后再赶往见面地点。这样既保证准时，又不会因为提前到而让对方尴尬。

2.学会安排时间

如果你担心自己会忘记与对方约好的时间，那就为自己制订严格的时间表，张贴在随处可见的位置，把工作安排和朋友约会都标注清楚，并留出足够的准备时间。这样，你就不会因自己记性不好而造成任何遗憾了。

3.学会换位思考

想象一下，当你被迫等待时，内心会有怎样的感受？也许你会因此懂得尊重他人的重要。换位思考是一种非常有效的措施，它能让你深刻感受到对方等待时的反感与焦急，相信这种方法会对你有很大的帮助。

无论是参加会议还是与别人有约，都要守时。守时是尊重别人的一种表现，也是尊重自己的一种表现。守时是最大的礼貌，也是沟通的一个重要技巧。一定要记住，不准时赴约，不仅无法赢得别人的尊重和肯定，还可能会令你失去很多机会！

留心细节,别让不经意的姿势毁了你的形象

在人际交往中,我们总是希望能给别人留下一个好印象,可是很多时候,我们不明白,为什么别人在渐渐远离你,为什么别人对你有了成见和想法。事实上,不是我们说错了话、做错了事,而是一些不经意的姿势毁坏了我们的形象。而一旦给别人留下不好的印象,则很难在短时间内改变,会让我们烦恼不已。

小海和雯雯是一对恋人,他们相识已经有整整五年的时间了。这次,雯雯回家后,父母要求见一见小海。于是,雯雯带着小海来到了家里,会见父母。

进了家门,雯雯介绍说:"爸、妈,这是小海。"

小海深深地鞠了一躬,微笑着说:"伯父伯母好,今天我是专门来见您二老的。"

雯雯爸爸笑呵呵地说:"年轻人很懂礼貌,来来来,这边坐。"

随着雯雯爸爸的手势,小海坐到了离他不远的沙发上。雯雯把带来的礼物放在一边,坐到了小海的旁边。

第4章
向上社交也别目的性太强，彬彬有礼更得人心

小海掏出准备好的香烟，递上了一根，雯雯爸爸摇摇手说："最近身体不好，刚动过手术，不能抽烟的。"

小海关切地问："叔叔，动什么手术啊，不要紧吧。"

雯雯爸爸笑着说："没啥大毛病，就是阑尾炎。"

小海抽惯了烟，雯雯爸爸拒绝了之后，他便给自己点上了。本来见雯雯的父母，小海多少有点紧张，点上烟之后，他放松了很多，聊了一会儿，居然翘起了二郎腿。而这个时候，雯雯的爸爸妈妈坐得非常端正。

雯雯爸爸心中非常不悦，寒暄了几句便借故说自己不舒服，回房休息去了。雯雯妈妈坐在一边始终没有说话。坐了一会儿，也回房照顾雯雯爸爸去了。客厅里只留下了雯雯和小海。

那天，他们再没多聊，匆匆吃过饭之后，小海便离开了。

雯雯没想到，从那之后，爸爸妈妈非常反对她和小海继续交往。理由很简单，小海给他们留下的印象不好。雯雯坚持了半年之后，和小海分手了。

故事中的小海，在雯雯爸爸拒绝抽烟的时候，却私自点烟，让雯雯爸爸受到了不尊重。在面对两位长辈时，小海翘起了二郎腿，这也毁坏了他的形象。或许小海当时并没有意识到，可是不经意间自己的形象已经全毁掉了。由此可见，生活中，一些不经意间的姿势会让我们的形象大打折扣，尽管我们当时并没有注意到，可是在别人的心里却打上了烙印。那么，

我们需要注意哪些不经意间的姿势呢？

1.不要随便跷二郎腿

很多人在和别人交谈的时候，不经意间会将腿翘起来。这可能是你的一个习惯，没有什么所指，可是对旁边的人来说，他们会认为这是你的一种蔑视，表达了一种看不起人的心理，会因此感觉到你不尊重他，从而对你有了成见。不单是和长辈以及领导谈话的时候要注意，和朋友相处的时候，也要注意。

2.站立时勿将双手插兜

和别人交谈的时候，一般情况下都要将手，要么自然地垂在身体两侧，要么两手相握，但是不要将两手插在兜里。因为两手插在兜里，会让别人觉得你很傲慢，觉得你不重视别人。试想，谁愿意跟一个不重视自己的人交谈呢？你这样做只能给别人留下吊儿郎当，没个正经样的坏印象。

3.和人交谈时别总是抖腿

很多人在和别人交谈的时候，由于放松了身体，便会自然地抖起腿来。或许你需要的是一个简单的节奏感，但是这会让你身边的人觉得很不舒服，心情也随着你的腿在不停地抖，别人的注意力会转移到你的腿上，而不在你说的内容上。或许你并没有觉察到，但是别人的心情已经被你破坏掉了。

4.辩论时别用手指指人脸

在相互辩论的时候，很多人为了表明自己的意见和态度的坚定性，总是会用手指指着别人。事实上这是最忌讳的。因为用手指指着别人表明你在挑衅，这样会激起别人的厌恶情绪，甚至还会出现更为激烈的冲突。尽管你只是为了表达自己的想法，但是与此同时，却伤害了别人的感情。

第5章

向上社交不是一面之缘，关系维护更重要

CHAPTER 5

主动说点自己的小秘密,能拉近彼此的心理距离

很多人由陌生人逐渐变为亲近的友人,往往都是以相互吐露一件小心事、倾诉一些小秘密为桥梁的。从心理学的角度来说,拥有一些共同的小秘密,会让彼此之间的关系在无形中变得更加亲密。刚工作不久的张磊,正是凭借对于人们这种心理的把握,成功获得了主任的青睐。

张磊大学毕业就来到了这家公司,被分到了宋主任手下。他因为在大学里自修了不少心理学课程,懂得察言观色,所以很快就受到了前辈们的欢迎。在办公室里,大家经常称他为"读心神探"。

临近年底,一连几天,宋主任都催着大家赶紧把手里的任务完成,大家加班加点,不敢懈怠。可这天,宋主任却一反常态,刚到下班时间就笑着催大家回去好好休息一晚。说完后,宋主任走回了自己的办公室。通过大敞着的门,大家看到宋主任从抽屉里拿出了一个礼物袋,喜滋滋地摸了摸,然后拿起了电话。

正当大家准备离开时,办公室里传出了宋主任努力压抑却

依旧让很多人都听见的怒吼:"你心里还有没有这个家!这已经是第几次了!"说完,宋主任愤怒地挂断了电话,摔门走出了办公室。他青着脸喘了几口粗气,看着大家想走又不敢走的样子,叹了口气说:"赶紧回去吧,难得不用加班。"大家闻言赶紧撤离,只有张磊纹丝不动。他走到主任身边,笑着说:"头儿,我单身汉一个,回去也无聊。您今晚有空吗?要不您赏个光,咱俩喝两杯去?"

"好啊!"宋主任难得露出了一丝笑容,"我知道个小馆子,菜不错,自家酿的酒也香,走!"

到了饭馆,酒过三巡,宋主任突然想起了什么,问道:"不对啊小张,我记得你有女朋友啊,怎么还说自己是单身汉?"

"嗨!有跟没有一个样儿!现在的女性要自强、要自立,整天忙。这不,虽说在一个城市,可这都27号了,我从月初生日见过她一面吃了次饭,就再也没见着,连电话都没时间跟我多聊两句。您说,我跟单身汉有什么区别?"

"话也不能这么说。"宋主任说着,自己喝了一杯,"你们都刚工作,辛苦一点是必然的。你也不能怪人家姑娘,至少她还记着你生日。我家那位,哎!连我们的结婚纪念日都忘了!"

"不能吧!"张磊故意做出微微吃惊的样子,然后敬了一杯酒,"嫂子这么拼命,也是为了将来能给孩子一个更好的环境,您得体谅啊!"

第 5 章
向上社交不是一面之缘，关系维护更重要

"我没有不体谅她！"主任这时已经微醺，"但是她怎么就不想想我！我们双方的家境都不错，就这样正常发展下去，以后完全有能力负担孩子的成长，为什么还要把自己逼成这样呢？钱是赚不完的，我劝她偶尔停下脚步看看风景，她倒数落我不求上进！"

"哎，女人就是难琢磨啊！我家那位，你让她工作吧，她嫌你没本事养她；你不让她工作吧，她嫌你小心眼儿怕她超过你……"就这样，两人你一言我一语，相互倾诉着心事，一瓶酒见底的时候，两人已经称兄道弟了。

这一顿酒，让张磊走进了宋主任的心。因为这点共同的秘密，宋主任和张磊之间便有了一些上下级关系之外的亲近感。从这以后，在工作上，宋主任更加用心提点张磊，张磊本就聪明好学，人缘又好，因此进步很快，也没人对他和宋主任的亲密说三道四。不到半年，张磊就升职了。

一个不起眼的小秘密，可以让双方更亲近，其原理在于：当你向他人透露你的秘密、倾吐你的心事时，对方会感到你对他是尊重的、信任的，甚至是依赖的。在反射心理的作用下，对方通常会投桃报李，对你也生出亲近、信赖之感，有人还会在你的真诚下，主动说出一些自己的秘密，以此算作"礼尚往来"。当你们拥有共同的秘密并共同"守护"它时，你会发现，在双方的眼中，相较于不知道这些秘密的人，彼此更为亲近、更为可靠。

然而，透露秘密也是有讲究、有技巧的，弄得不好，只会让我们在人际关系中处于被动。那么，我们在"出卖"自己，换取他人的心事、秘密时，又该注意哪些方面，才能使自己不至于搬石砸脚、得不偿失呢？

1.看准人再开口

我们在向人倾诉前，应该先看清对方是个什么样的人。我们的心事和秘密，只能透露给值得透露的人。这种交往应该是互动的、双赢的。有的人油盐不进，甚至对于这些私人话题避之唯恐不及，对于这种人，我们没必要剃头挑子一头热；有的人乐于四处探听他人隐私，然后将其作为把柄或筹码，以此在双方的关系中占据上风，甚至以此谋求自己的私利，对于这种人，我们更要敬而远之，牙关紧咬。

2.讲秘密不要太随意

我们对人吐露心事，与人互换秘密，"出卖"自己是手段，换得人心才是目的。因此，在与他人促膝长谈或交付心事时，我们应当适可而止，点到即可。生活中，谁也不能保证彼此的关系永远融洽，谁也不能保证下一秒不会被出卖。有些人故意宣扬或利用他人的隐私来满足自己的私欲；有的人却是因为无心或天性如此，不知不觉中让自己的"大嘴巴"伤害到了曾经与他交心的密友。无论是哪种情况，都免不了会引起一场风波，给我们带来困扰。因此，为了预先将这种麻烦降至最低，我们在与人谈心时，自己也要把握尺度。

3.一厢情愿也好过强人所难

有些时候,我们一股脑地向他人倾吐了心事,满怀期待地等着他人的回应,等来的却只是对方的淡然一笑或不置可否。此时,我们应当迅速结束这个话题,切忌死缠烂打,事后也不可耿耿于怀,不断提及。事缓则圆,对于我们已经看准、认清、觉得值得相交的对象,我们可以慢慢地、一点一点地靠近,而不能急不可耐,反复多次甚至直接指责对方"不懂人情"。如果我们付出长久的努力仍然敲不开对方的心房,我们就应主动退让,而不是步步紧逼。这份识趣,至少能保证你的人际关系平稳;若继续纠缠,只会带来反效果。

共同的秘密,让彼此之间更亲近。社会交往中,想要迅速攻占他人心房,获得他人的亲近感,与他人建立亲密的关系,不妨先从吐露自己的一些小秘密开始。当你向他人敞开心扉时,你会发现,对方的心房也为你亮起了一盏灯。

给他人留有机会,也就是给自己拓展空间

人生在世,无论说话还是做事,都必须既有条又有理。其中的条理,即为"度"的把握,中国人有句极具哲理的话:"话不说满,事不做绝。"这句话的含义是,为人处世要低调,要把握好分寸,很多时候,给他人留有机会,也就是给自己拓展空间;而做人太嚣张、对他人赶尽杀绝,无疑是断了自己的退路。

有一个年轻的企业家叫张伟,他凭借着自己的才华和努力,创办了一家科技公司,并迅速在市场上崭露头角。然而,随着公司的发展,张伟逐渐变得骄傲和固执,对员工的失误和过错总是不能容忍。

有一天,公司的一个重要项目因为一名员工的疏忽而出现了严重的问题,导致公司遭受了不小的损失。张伟非常生气,决定开除这名员工以示惩戒。然而,在做出这个决定之前,他的一位老朋友,也是一位资深的企业家,找到了他。这位老朋友告诉张伟,每个人都会有犯错的时候,重要的是从错误中学习和成长。他建议张伟给这名员工一个改正错误的机会,而不

是直接开除他。

张伟虽然心中仍有不满，但经过一番思考后，他最终决定采纳老朋友的建议。他找到那名员工，与他进行了深入沟通，了解了问题的原因和背景，并帮助他制订了改正错误的方案。

在接下来的日子里，这名新员工非常努力地工作，不仅弥补了之前的错误，还为公司带来了新的创意和灵感。张伟也意识到，自己的宽容和理解不仅帮助了新员工，也让整个公司变得更加团结和积极。

从此以后，张伟变得更加宽容和理解。他不再过分计较员工的过错，而是鼓励他们勇于尝试和创新。公司也因此发展得越来越好，成为行业的佼佼者。

"人非圣贤，孰能无过。"很多时候，我们放他人一马，就是给自己创造机会。很多时候，我们都需要宽容，宽容不仅是给别人机会，更是为自己创造机会。

诚然，人们常说"凡事要认真"，这原本没错，但是一个人一旦认真到了较真的地步，眼里丝毫揉不得沙子，那就是和自己过不去，到头来终究会自讨苦吃。所以，在与对手交涉的过程中，你也没必要把事做绝。俗话说"兔子急了也咬人"，你把别人逼得没有退路，对方除了奋力反击还能有什么选择？

正所谓："物极必反。""满招损，谦受益，时乃天道。"水缸装满了水，再往里面添水，就会往外溢，这就是物极必反，事物发展到了极端，必然朝着相反的方向发展。我们为人也不可太狂妄，更不能欺人太甚，以强凌弱。给别人留后路也就是给自己留退路，有时受欺者貌似软弱，实际上是胸怀宽广，不计较。当你受欺负之后，不必愤恨不已，切勿冲动地做出让自己后悔的憾事。

所以，做事时一定要为他人留有余地，这也是给自己留条退路。比如，当你所处的位置非常显赫或者事业取得非常大的成功，你就不能再争强好斗了，而应该与别人分享，与别人合作，同舟共济，采取低调学习的态度，才不至于骄傲自满。再比如，在与人竞争的过程中，自己处于必胜的战局时，要给别人留一条退路。做得太绝，不留后路，则会急火攻心，一败涂地。说话、做事讲求弹性，把事做得更加灵活、进退得宜，无论在社交还是求取成功的过程中，你都会如虎添翼！

第5章
向上社交不是一面之缘，关系维护更重要

独吞功劳的人，很容易失道寡助

上学时，老师经常告诫我们说："好吃的东西不要一个人独吞，要适当分给大家一些。"那个时候，我们对这句话似懂非懂、半信半疑，所以总是与人争抢。等我们长大踏入社会后，现实的磨砺和复杂的人际关系，让我们彻底明白了这句话的深刻含义。我们渐渐明白，好东西不能自己独吞，要分给他人一些。"滋味浓的，减三分让人嗜。此是涉世一极乐法。"在享受利益时，要分一些给别人，这是立身处世的最好方法。

平凡在一家图书出版社担任编辑。他为人随和，也很有才气，与领导和同事的关系非常融洽。舒心的工作氛围，给他创造了许多写作的机会。

有一次，他编辑的图书在评选中获得了大奖，而且位居销量排行榜榜首。除新闻局颁发的奖金，社长还另外给了他一个红包，并且当众表扬了他的工作成绩。同事们表面上纷纷向他祝贺，但是他并没有现场感谢领导和同事们的协助，更没有把奖金拿出一部分请客，所以大家虽然表面上没说什么，心里却感到不舒服。

一个月过去了，他发现工作氛围似乎有些僵硬，同事们平日里的笑容全部消失了。似乎都在刻意地躲避他，有的还有意和他过不去。他的上级领导也暗地里给他设置障碍，不时增加压力。一段时间以后，他终于找到了问题的根源，原来他犯了"吃独食"的错误。

图书可以获得大奖，责编功劳自然很大，可是那毕竟不是凭他一个人的力量完成的，其他人也为此付出了很大的努力，这份荣耀他们也应当分得一份。所以，平凡一个人独占了所有的荣耀，别人心里当然不舒服，与他关系不和也就是很自然的了。

当你在工作上有特别表现而受到奖励时，千万记得"别独享荣耀"，否则你在享受荣誉的同时，也会给自己的职场关系埋下隐患。对于刚刚踏入职场的新人，获得荣耀固然可贵，但保持谦卑则更为重要。要不卑不亢，对人要更客气、更尊重，荣耀越高，头就要越低。

在某单位的一次公开招聘中，小温战胜了其他几位竞争对手登上了经理宝座，许多同事对他表示祝贺和赞赏，有人甚至当众夸奖他是几位候选人中实力最强的。小温却坦诚地说道："其实几位候选人各有千秋。论管理我不如老张，论经营我不如老周，论公关我不如小王。"后来，他通过诚意与这几位竞争者建立了良好的关系，而且根据各自特长作了相应安排。宽厚的气度使他赢得了大家的尊重，也使他在工作中取得了显著成绩。

做人的境界往往体现在一个人对利益的看法上。明白人皆知：一个人独享成果，是一种"吃独食"的心态，这样会引起其他人的反感，容易堵死自己以后的路。因此，当你在工作和事业上干出点名堂、小有成就时，应该学会与其他人分享。

首先，感谢他人。当荣誉到来时，你首先要感谢同事的鼓励、帮助和协作，尤其要感谢领导，感谢他的提拔、指导。

其次，与人分享。言语上的感谢是必不可少的，但是物质上的分享更不能缺。在荣耀之下，不妨请大家吃顿饭，在饭桌上真诚地感谢帮助过你的人。众人分享了你的荣耀，受到了你的尊重，你们今后的关系会更加融洽。

最后，为人谦卑。人往往一有了荣耀就"忘了我是谁"地自我膨胀，这种心情是可以理解的，但旁人就遭殃了，他们要忍受你的嚣张气焰，却又不敢出声，因为你正在风头上。可是慢慢地，他们会在工作上有意无意地抵制你，不与你合作，让你碰钉子。因此，有了荣耀，更要谦虚，以避免遭到别人的妒忌，招惹麻烦。

将对方的喜恶记在心里,能打动对方

人与人彼此之间肯定会有一些小秘密,诸如某年某月某日,一起去了某地方度过了愉快的一天,以及记得对方的生日、对方喜欢的东西、对方喜欢吃的食物,等等。这些都是对方在小事情上的好恶,同时,也是维系彼此关系的纽带。在人际交往中,我们要充分留心,记住对方在小事情上的好恶,以此来赢得对方的好感。比如,你若记住了对方最爱吃的食物是什么,当对方知道了这件事,他定会认为你是个很有心的朋友。反之,如果你连对方喜欢的、讨厌的东西一概不知,那么,对方肯定会感到非常失望。

生活中,每个人都希望自己能在他人心中占据一定的分量,即便是对于一个陌生人也是如此,千万不要认为只是陌生人,就没有必要记住关于他的一些事情。事实恰恰相反,如果你想延续一段较为长久的交往关系,就应该努力记住所有关于对方的小事。事情越小,你记得越清楚,那就足以证明对方在你心中的位置越重要。相反,如果你连最简单的事情都没能记住,那么,对方心里肯定会很受伤,觉得你并不在乎这段友谊,而彼此之间的关系也会逐渐疏远。所以,要想赢得对方的好感,打动对方的心,就要让对方觉得他在你眼里很重要,而比较恰当的方法就是:努力记住对方在小事情上的好恶。

小王的朋友很多,更令人感到惊讶的是,他好像与每个朋友的关系都极为密切。对此,有人好奇地问他:"你如何打动朋友的心?"小王笑呵呵地说:"其实,秘诀很简单,我总是努力地去记住关于他们的一些小事,包括他们喜欢的、讨厌的。比如,我们一起去餐馆吃了一顿大餐,他特别喜欢吃牛排;去年夏天我们一起旅行了,去了他一直想去的西藏;前年冬天他送了我一件特别的礼物,那是他最喜欢的一本书。我可能并不知道朋友家里的具体住址,但是,我能记住这些事情,那就表明他在我心里的位置很重要,自然而然地就打动朋友了,彼此的关系也就更深了。"小王用自己的亲身经历证明了朋友之间相处的真正秘诀。

这天,小王遇到了三年不见的老朋友,彼此一见面就寒暄,小王脱口而出:"好久不见了,老朋友,我们三年前可就是在这座城市分别的,你走的那一天我准备来送你,没想等我赶到了机场,你早就走了。这一别,却在三年后的今天才相见了,真是岁月匆匆啊。"那位朋友本来还觉得彼此有些生疏,但一听这话,心里感觉暖暖的,话语里也亲近了不少:"你还是这样,记性真好,很多小事情都记得清清楚楚的。"小王有些得意起来:"那当然了,我还记得你最喜欢看世界杯了,读书那会儿,你跷课整整三天,就为了看世界杯,去年冬天,你还打电话通知我看世界杯呢……"一番寒暄,两人顿时找到了当年那种亲密的感觉。

小王通过记住关于朋友的一些小事,以此来拉近朋友之间的距离,让朋友感觉到自己在对方心中其实占据着很重要的位置。努力记住关于朋友的小事,虽然听上去很简单,但真正做起来却不容易。毕竟,我们要用心记,如果你只是马虎了事,难免会张冠李戴,朋友听了心中自然会觉得失望,彼此的关系也会疏远不少。

1.你所记住的事情越小,越有价值

当你在朋友惊诧的目光中回忆起小事,他一定会忍不住惊叹:"这么小的事情你还记得,这么多年过去了,我早已经忘记了。"他会这样说,其实也就是心中洋溢着兴奋之情,没有多少人能用心记住别人的事情,你记住了,就表明你心中一直挂念着这位朋友,如此,就能顺利打动朋友的心。

2.宜记"好",不宜记"坏"

当然,努力记住对方在小事情的好恶,并不是指你凡事都需要记下来。例如,朋友尴尬的事情就是不宜记住的,如果你记住了,甚至在某些场合还将它当作谈资说出来,那对方面上可就挂不住了。因此,关于对方的事情,要多记住好事、让朋友脸上有光的事情，如喜欢什么样的颜色，讨厌吃什么食物，等等。这样，我们才能真正地走进对方心里，从而赢得对方的好感。

让对方做"强者",满足其虚荣心理

王阳明曾说:"人生大病,只是一傲字。"在他看来,一个人的骄傲,不过是因为一份执念。人们会亲近一个执念太深、戾气太重的人吗?这样的人若是没人支持,又如何做事呢?每个人都希望自己能做一个强者,特别是在别人面前做一个强者。人际交往中,我们可以为了迎合别人的这种心理,而适当放低自己的姿态。这样,既满足了自己的一种虚荣心理,又拥有巨大的成就感和自豪感。有时候,我们需要别人的帮忙,而他具有这样的能力。那么,不妨让他做一回强者。我们要对他的能力表示赞赏和肯定,表达自己的敬佩之情,适时表现一下自己的谦卑。当我们的行为向他人传达一种信息:你很优秀,你很能干,在我面前,你就是一个强者,而我现在需要你的帮助。这时他就会觉得十分自信,他满足的心理让他认为给你一点小帮助根本不是什么大事,并且会十分愿意帮助你。

让他人在你面前成为强者,并展现他能力超群的一方面给他一个成为强者的机会。在他面前,你比他稍微逊色一些,他就会主动愿意与你交朋友,真诚地信赖你。他甚至愿意给你任何帮助，因为这是显示他能力的最好机会。

富兰克林年轻的时候在费城开了一家小印刷厂，在州议会的复选中，他被推举为宾夕法尼亚议会下院的书记员。可就在这最紧要的关头，却出现了危机。一个新当选的议员在正式选举之前为难他，那位议员公开发表了一篇反对演讲，演讲篇幅很长，措辞尖锐，在那位议员眼里，富兰克林简直一文不值。面对这种出人意料的状况，富兰克林有点手足无措了。

后来，富兰克林听说那位议员收藏了几部十分名贵且罕见的书，于是，他给那位议员写了一封短信，表示自己十分钦佩他的学识，很想读一读他所收藏的珍贵书籍，希望他能答应自己的请求，让自己得以饱览他那些珍贵的书籍。那位议员一接到富兰克林的信，就马上把书送过来了，一个星期后，富兰克林准时送还了那些书籍，还附了一封十分热情的信，表达了自己的感谢。

后来，富兰克林在议院偶然碰到那位议员，那位议员开始主动跟富兰克林打招呼，而且十分客气。临别的时候，他答应富兰克林会尽他所能给予帮助。于是，他们成了很好的朋友。

富兰克林通过向那位实力派议员借书这一小小的举动，已经在向人们暗示自己很钦佩那位议员，十分推崇他。而那位议员发现自己以前反对的人居然很敬佩自己，他立即对富兰克林的看法有了很大的转变。无论是谁，都难以对自己的崇拜者产生讨厌的感情。富兰克林的聪明在于他把自己放在了一个相对较低的位置,从而抬高了对方。这样一来,那位议员心里就相当受用,他会觉得自己受到了他人的尊重,在富兰克林心中,自己是一个重要的人物。于是,他开始把富兰克林当成朋友,并且在事业上给予他帮助。

生活中,必要的时候学会放低自己的姿态。放低自己的姿态,并不是一味去奉承、讨好、巴结,甚至把对方当菩萨一样供起来。那是一种盲目的崇拜,可能对方心里会很受用,但是自己的自尊就会被别人践踏。我们所说的放低自己的姿态是适当地放低,适当地低头,是为了更好地接近他人,获得他人的信任,或者提供一些帮助。给对方一句恰到好处的赞美,表达自己内心无比真诚的钦佩,都是在抬高别人。当我们把自己放在了一个较低的位置时,无形中就把对方抬到了一个较高的位置。这时候,他在我们面前就成了一个强者,当他为自己所处的位置而兴奋不已的时候,就会主动地帮助我们。

为了获得他的帮助,不妨自己先低低头,让对方在你面前做一回强者,满足他受人推崇的渴望。

第6章

处处留心,不放过每一个与高手"过招"的机会

CHAPTER 6

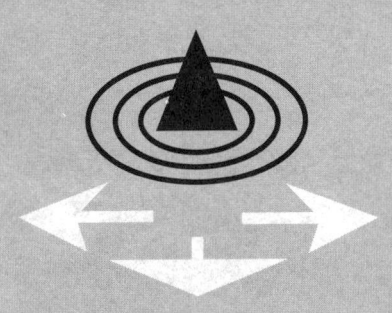

给他人留面子，就是给自己长面子

在日常的工作生活中，我们经常要和形形色色的人打交道。这些人里有朋友、有对手，有亲人、有敌人。无论对方是什么身份、处于何种立场，当他们在你或众人面前犯下错误或与你有了摩擦，甚至故意挑衅你时，你会以什么态度回应呢？会因为他们身份立场的不同而区别对待吗？

为亲友找台阶、争面子，对亲友包容、理解，是人人都会主动去做的。其实，在人际交往中，对于敌对或是没什么交情的人，我们更应该主动为其铺设台阶、保留面子，并给予宽容和谅解。如此，原本陌生的人，也许会因为你的善意而与你亲近；原本敌对的人，也许会因为你的宽容而向你抛来橄榄枝。蔺相如和廉颇共同谱写的"将相和"，就是"给人台阶好处多"的典范。

战国时期，赵国的赵惠文王因缘际会得到了和氏璧。秦王听闻，假意"以十五城请易璧"。蔺相如原乃赵国官员家中门客，经人推荐受命携璧入秦。蔺相如不畏强秦，据理力争，完璧归赵，终不辱使命。其后渑池相会，蔺相如随赵王赴会。

他再次巧妙周旋、机敏应对，维护了赵王和赵国的尊严。回国后，赵王深感蔺相如才干俱佳，因此提拔他为"上卿"，委以重任。

赵王对于蔺相如的重用，让赵国大将军廉颇十分愤懑。廉颇认为，自己为了赵国出生入死，战功卓著，到头来地位却比只靠一条三寸不烂之舌混事的蔺相如还低。他越想越气，不仅当着旁人的面屡次贬低蔺相如，还放出话来，表示若碰到蔺相如，必要当面羞辱他，看他能如何。

蔺相如听说这些后，为了避免遇到廉颇，特意请假不上朝，还吩咐家里的仆人以后要对廉颇手下的人礼让三分。有一次他乘车出门，听说廉颇迎面而来，赶忙吩咐仆人调转车头，躲过廉颇后再走。他手下的人十分不平，向蔺相如抱怨道："您的地位比廉将军高，他骂您，您不还击，反而躲着他，这是什么道理？看着他越发张狂的样子，您受得了，我们可看不下去。"

蔺相如听后，并不气恼，只是微笑着说："廉将军难道比秦王厉害吗？我连秦王都不怕，怎会惧怕廉将军。如今秦国不敢犯赵，正是因为赵国文武群臣团结一心。我和廉将军好似两只猛虎，若我俩公开对抗，犹如两虎相争，必有一伤，乃至于亡。如此，岂不给了秦国乘虚而入的机会？跟国家安危比起来，个人的这点荣辱，又算得了什么呢？"

蔺相如的这些话，很快便传到廉颇的耳中。廉颇闻言，如醍醐灌顶，猛然醒悟。他惭愧至极，赶到蔺相如的府邸负荆请罪。两人从此冰释前嫌，成为知己，共同辅助赵王治理国家。此后十年，秦王未敢犯境。

在这个事例中，蔺相如以退为进，步步给廉颇留下台阶，无疑是很高明的做法。若蔺相如以牙还牙，廉颇之怒意必然更盛，两人遂成水火之势，最终你死我活，两败俱伤，赵国便会在内耗中衰弱下去。正是因为蔺相如的宽容大度、深明大义，使廉颇的挑衅成了一出"独角戏"，不仅没有对手，更失了自己的风度。因为蔺相如的退让，两人的冲突出现了转机，有了化解的基础；而他的宽容，为自己赢得了廉颇的敬重和友谊，更赢得了千古美名。

俗话说："人活一张脸，树活一张皮。"每个人都有受到尊重和肯定的需要，这是人类心理的共同需求，不因个人的立场或身份而有所改变。在社会交往中懂得给人台阶，为人保留面子，是交往的重要准则。看到亲友的缺点、错误你觉得不吐不快，面对对手的挑衅、针对你觉得必须还击……你若果真率性而为，或许得到了一吐为快的快感，但你也招致了对方的不满、愤怒或是更加浓厚的恨意。

夸张点说，你每搭建一次台阶，就能获得一份好感；你每驳人一次面子，就会招来一丝不满。换言之，你给人留面子，就是给自己长面子；你不计较所失，会有更多所得。明白了这个道理，我们不妨来想一想，究竟应该从哪些方面着手，才能更好地为人铺台阶、留面子呢？

1."如果我是他"

很多时候人们之间产生矛盾，往往是因为双方只站在自己的角度考虑问题，没有顾及对方的切身感受。当面对他人的错误或挑衅时，我们如果能站在对方的立场为他做打算，便能够理解对方是何处境、为何有此思想或举动。明白了对方的感受，看到了对方的困难，我们便会产生包容、帮助的念头并付诸行动，使对方对我们渐生信任。

2."我该怎么对他"

对于他人的错误或困境，我们应当及时施以援手，尽自己的力量去帮他走出低谷。即便你的帮助对他来说力量微薄，但你的善意会让他铭记心间，他会更加亲近你、信任你。对于他人的对抗或敌视，我们应当以诚相待，包容他、理解他，用你的真诚去化解彼此间的"仇怨"。即便你的微笑换不来他的真心，但你的风度会让他难以再怨恨你、针对你，在以后的日子里，他至少能逐渐以平和的心态来看待你。

3."他最怕我做什么"

人一旦犯了错误或身陷困境，最怕被他人当面、当众揭穿，失去颜面；而那些故意挑衅、打击他人的人，其实内心深处也十分害怕遭到报复，整日提心吊胆。此时，你若不留情面，直截了当地揭人伤疤，势必让他觉得受人小觑，为了挣回面子与你展开对抗；你若不懂周旋，对挑衅者无情回击，势必令其更加紧张，为了不落下风而越发猛烈地攻击你。无论面对哪种情况，我们所要做的，其实只要遵循一个原则：对方需要时，伸手、拥抱；对方抗拒时，闭嘴、微笑。

给人台阶，看似让他全身而退，于你无益；其实，当他下阶时，你已站在他的高处。他会感念你的包容与理解，众人会钦佩你的风度与胸怀。你的以退为进，会让你在人际交往中登上更高的平台。你所搭设的台阶，会让你在人际交往的道路上走得更加平稳、更加顺畅。

化敌为友，曾经的"敌人"也可以成为你的伯乐

我们在一生中，会遇到各种各样的人。有的人豪气干云，有的人小心翼翼，有的人心直口快，有的人心机深重。无论是怎样的人，在日常的工作生活中都难免得罪别人，给自己树敌。这些"敌人"可能源自一个不经意的玩笑，一次意见分歧产生的误会，或是一场"你死我活"的竞争。

在我们的人生道路上，或许朋友不能如想象中那般给予我们帮助，但敌人对你的阻挠和破坏远远超乎你的想象。无论是工作还是生活，一旦某个领域出现敌人，我们便不得不小心翼翼地防备，提心吊胆地提防。其实，与其整日在与敌人的斗争中疲于奔命，我们为何不化被动为主动，掌握并运用化敌为友的社交技巧，与敌人握手言和，化干戈为玉帛呢？

在这个镇子里，汤姆和约翰这对房贴着房、院挨着院的邻居，是出了名的"冤家对头"。两人打小就看对方不顺眼，唯一的交流就是争吵。

汤姆爱听广播，到了他爱听的节目时，他把收音机的声音调得隔壁都听得见。约翰就故意在他最爱听的节目播放时除

第6章
处处留心,不放过每一个与高手"过招"的机会

草。汤姆是个自由撰稿人,经常昼夜颠倒,不到下午绝不起床。约翰就故意在清晨时分,往往是汤姆刚刚入睡的时候架起家里的除草机……就这样,他俩你来我往,互不相让。甚至到两人各自结婚以后,他们的太太也因为丈夫的关系,彼此没有来往。

这年夏天,汤姆的儿子小学毕业,升入当地一所著名的中学。汤姆和太太应儿子的要求,带着儿子出国旅游。刚开始时,约翰夫妇并没有发现汤姆一家外出了,每次除草时,约翰还暗自庆幸,心想好几天没有被隔壁收音机的声音吵到了。日子一长,约翰看着隔壁高出自家一大截的草坪,才发觉汤姆家很久没有除草了——也就是说,汤姆家近期都没有人住。

这疯长的草坪在他人看来,无异于门口贴着"欢迎来偷"的大字报。有了这个想法后,约翰再难平静。虽然万分不愿意,他最终还是嘟囔着将汤姆家的草坪打扫干净了。

又过了一周,汤姆一家终于回来了。面对整洁的草坪,汤姆和妻子都十分惊讶。然而,他们问遍了整个街区,都不知道是谁帮的忙。最终,怀着千分不信、万分不解的心情,汤姆敲开了约翰的大门。面对约翰,汤姆踌躇良久,还是开口了:"约翰,是你帮我除草了吗?"

"嗯,是我。"约翰淡淡地回答,似乎已经准备好了接受汤姆的责难。

然而,汤姆并没有因为约翰的"擅自行动"而指责刁难。

他犹豫再三,最后羞涩地说了声"谢谢",便转身离开。约翰愣在原地半晌,随后笑了笑,脸上也微微泛起红晕。

如今,两家已不再像之前那样针锋相对。虽然汤姆和约翰还没有称兄道弟,两家的太太也还没有姐妹情深,但彼此见面时已开始互相点头致意,甚至微笑着打招呼,这对于两家的关系是一种极大的进步,是一种质的飞越。主动向敌对的人示好,这种行为可谓出人意料。但就是这种小小的举动,往往会带来意想不到的回报。

俗话说,"多个朋友多条路,多个敌人多堵墙"。我们在社会生活中,给自己树敌可谓是一种极其愚蠢的举动。然而,不管有意无意,不管敌人多寡,一旦对方有了敌意,我们之前的错误便已经成了既定事实。时光不能倒流,历史不能改变,与其后悔懊恼,不如主动出击,灵活周旋,让敌人的恨意化于无形,把我们的对手变成朋友。

那么,当我们身边出现"敌人"时,我们又该运用哪些方法,才能做到化干戈为玉帛呢?

1.主动示好

当我们在社会交际中与他人产生矛盾,或是他人已经对我们表现出明显的敌意时,我们首先要做的就是主动示好,迈出关键的第一步。当你态度诚恳、语气谦和地主动示好时,对方通常难以再冷眼相看、恶言相向,这样,双方也就有了进一步沟通、彼此加深了解、消除误会的基础。而放低姿态主动示好，看似你矮了对方一截，实则让你在风度、胸襟上更胜一筹。他赢的是面子，你赢的是里子。

2.推功揽过

当双方能够进行平和、冷静的沟通时，我们应当主动承担起这次矛盾或是敌意的责任，而不是急于为自己辩解或指责对方。只有这样，我们才能开启对方的心门，让对方的不满得到最大程度的化解。很多时候，你越批评自己，对方往往越宽容，越容易对你产生好感。

而对于对方的优点和长处，我们应当在谈话中适时适度地表达出自己的钦佩和敬重，并针对他在其他方面的为人处世给予褒奖。这种褒奖往往能够起到暗示作用，当你将他树立成一个优秀的典范并表达出足够的敬意时，他对你的敌意便会慢慢消除，他在潜意识里会将自己打造成你描述的那个令你敬仰，值得你信任、爱戴的人。而当他觉得你信任他时，他对你也会逐渐产生信赖。

3.恳求谅解

在双方沟通完毕、心结打开后，我们应当在结尾时态度诚恳地请求对方的谅解。这会让对方感觉到自己从被动化为主动，从被动接受你的沟通变为主动给予你谅解和肯定。当对方觉得自己占据心理优势时，双方的和平关系才能进一步发展下去。

世间没有解不开的结，也没有化不了的怨。在社会交往中，我们难免与人有矛盾，难免遇到怀有敌意的对手。面对摩擦和敌意，我们的主动示好，可以打破彼此心中的坚冰，让彼此相对时不再沉默、不再敌视。化敌为友并非易事，但也绝非不可能。如何化解，关键在于我们的社交智慧。

第6章
处处留心,不放过每一个与高手"过招"的机会

人情留一线,日后好相见

俗话说:"人情留一线,日后好相见。"意思是说,与人相处时,凡事不要做绝,要记得为彼此留条退路,以后无论在哪个场合再见面,都不会难堪,不会陷入尴尬境地,更不至于见了面就让对方恨得咬牙切齿。

人在面临绝境时,大多容易全力挣扎,以死相拼。这给我们以深刻警示,置人于死地往往容易激起更大的反抗,反而会在瞬间使成败易位。因此,在已经把对手置于必败之险地时,必须考虑给其留有一条生路。

《三国演义》中就有不追穷寇的事例。

在曹操平定河北后,率领将士包围了壶关。曹操当时下令:"攻破城池以后,把俘虏全部活埋。"可是一连打了几个月,城池都没有打下来。大将曹仁进言说:"围城一定要让敌人看到逃生的门路,这是给敌人留有一条生路。如果你告诉他们只有死路一条,就会人人奋勇守卫。况且城坚粮足,攻击只会伤亡人马,围攻更会旷日持久。如此下去,不是什么好办法。"曹操采纳了曹仁的意见,不久,城上的守军就投降了。

《孙子兵法》中说过，攻敌时要留一条退路给敌人，若是把敌人团团围住而不留一条活路，敌人在走投无路的情况之下只好决一死战，倾全力反击。给对方留一条退路，为自己日后办事也就留下了一条退路。这种为别人留条退路的退让之法，只有洞悉人情世态的人才会采用，也只有深知进退之道的人才能收到良好的效果。

在现实生活中，我们需要有一种放弃的智慧。当你与人发生矛盾或冲突的时候，只要不是什么原则性问题，你完全可以暂时放下争强好胜的心理，就可以避免两败俱伤。舌头难免会有碰牙的时候，如果太较真，非去咄咄逼人地辩出个对错，争个高低，只能使事态升级，小事变大。如果在无伤大雅的、细枝末节的小事上谦让一点，就能够从不必要的纠缠中挣脱出来，去争取大局的利益。在处理人际关系上懂得退让的人，是比较洒脱的人，也是有大智慧的人。

希拉里曾写了本自传，遭到了一位脱口秀主持人的嘲讽。他辛辣地评价说："她不可能卖得好，我敢打赌，如果超过一百万册，我把鞋子吃下去。"上天往往喜欢捉弄把话说绝的人，希拉里的自传上市没几个星期就畅销了一百万册。那位主持人该品尝鞋子的味道了。

没错，他的确吃鞋子了。不过，鞋子的质地不同寻常，主持人吃下的是希拉里特意为他定做的鞋子形状的蛋糕。蛋糕的味道一定棒极了，因为它里面加了一种特殊的调料——宽容。

第6章
处处留心，不放过每一个与高手"过招"的机会

面对主持人的嘲讽，希拉里并没有给他以猛烈的回击或等着看他吃鞋子，而是用一种幽默宽容的方式巧妙地化解了这场矛盾。希拉里因宽容而更加让人敬佩，蛋糕鞋子因宽容而更加美味可口。

宽容和忍让是一个人心胸开阔的重要表现。没有必要和他人斤斤计较，没有必要和他人争强斗胜，给他人让一条路，就是给自己留一条路。

在占优势的情况下，放对方一马，让他有一个台阶下，他自然会心存感激，来日相见也好说话。使对方下不来台，常常不会有好结果。对于明智的人来说，即使自己做得很好，也绝不逞一时之强，做使他人难堪的蠢事。这一点在处理人际关系时非常重要。

我们与家人、朋友、同事甚至路人在不同的场合中交往接触，总免不了有意见相左、磕磕碰碰的时候，但只要不是原则性问题，各自主动退让、多担待一点、少计较得失，便有利于减少矛盾、保持人际关系的融洽，于人于己均是有益的。

宽容于人，宽容于事，无非是不去逞强斗狠罢了，但我们收获的却是安然、宁静、和谐与友好。包容是生活的艺术，看似是对别人做出了善意的举动，其实也是对自己内心的充实和肯定。理智地退却，大度地退让，将会有一片海阔天空的灿烂天地任你驰骋。

处变不惊,成大事者绝不垂头丧气

一匹狼在寻找食物的时候,不幸落入了猎人的陷阱中,一条腿被夹子夹住,导致它无法逃离。正当这匹狼被巨大的疼痛折磨的时候,一阵嘈杂的脚步声由远而近传了过来。狼知道这是猎人们的脚步。在这万分危急的时刻,如果它出现了一丝的慌乱和无助,就会成为猎人的猎物。形势越来越危急,时间也越来越紧促,狼冷静地看看那条被夹住的腿,接着做出了一个大胆且让人难以置信的举动:它亲口咬断了这条腿,然后一瘸一拐地逃走了。尽管它失去了一条腿,但是保全了自己的性命。

狼这种"壮士断腕"的勇气,就是处变不惊、临危不乱。在危险时刻,它们既不仰天做无效的哀嚎,又不低头发出无益的呻吟,而是在最短的时间内采取决策,哪怕是付出惨重的代价也要让自己脱离险境。这种临危不乱,是人类应该学习的。人们在遇到困难的时候,应该像狼一样冷静下来,想出有效的办法来解决困难。能做到全身而退更好,如果做不到的话就要尽量降低自己的损失。一味地在困难和险境之中茫然无措、惶

第6章
处处留心，不放过每一个与高手"过招"的机会

恐不安，不能采取有效的措施，最终也只能眼睁睁地等着噩耗的来临。古人云："为将之道，当先治心。泰山崩于前而色不变，麋鹿兴于左而目不瞬，然后可以制利害，可以待敌。"我们需要的，正是这种"泰山崩于前而色不变"的精神。

谁也不能料到明天和意外哪个会先到来，但我们可以努力在遇到意外的时候不恐慌、不茫然。一旦可以做到处变不惊，我们就能够拥有一种超然的霸气，就能够更好地取得成功。楚汉之争的时候，两军对决，项羽一箭射中刘邦。刘邦疼得几乎无法站立。不过，为了稳定军心和震慑对手，刘邦忍痛将箭拔下，好像什么事都没有发生一样。他非但没有面露痛苦之色，反而谈笑自若，笑骂项羽箭术太差，只射到了自己脚上。不明就里的项羽被刘邦数落了一顿之后，顿时泄了气，率领手下人离开了战场。等项羽离开之后，刘邦才把军医叫来，帮他疗伤。刘邦这种处变不惊的风范一直为后人所称道。

在职场生涯中，我们也可能会遇到很多意想不到的变故。当这些变故到来的时候，我们没有必要垂头丧气、情绪低落，而是应该以淡然的心态来看待。哪怕是自己明天要离职，也要把今天的事情做好。

王平和李红是一家公司的员工。有一次，公司裁员，名单里出现了她们两个人的名字。按照规定，两个人一个月之后就要离开公司。得知消息之后，王平情绪十分低落，工作起来也毫无精神。她一会儿向同事们抱怨，一会儿又跑到领导的办

公室里诉苦。几天下来，公司被她折腾得鸡犬不宁，人们见了她就纷纷躲避。而李红，却是另外一种情形。尽管她的心里同样不好受，但是她并没有表现出任何的不满情绪。来到公司之后，她和以前一样认真地工作，好像什么事儿都没有发生一样。公司同事们觉得，再过一个月她就要离开了，谁也不好意思再麻烦她，就主动分担起了她的工作。可是李红并没有甩手不管，而是主动地找活干，积极地和同事们配合。用她的话说就是"要站好最后一班岗。"同事们见她如此开朗，心里都非常高兴，就在工作之余和平常一样与她聊起了天，开起了玩笑。

时间过得真快，转眼间，两个人就到了离开的时间。王平早早地收拾了东西，拿了工资之后就走了，临走还没有忘记狠狠地摔一下门。李红则是非常平静地收拾着手头的东西，收拾完毕之后，就满脸微笑地一一和同事们道别。正当她准备离开的时候，经理却走了进来，告诉她可以继续留在公司里。同事们听了之后，都为李红感到高兴，纷纷向她表示祝贺，同时也向经理打听情况。经理对大家说："这一个月以来，李红的表现改变了领导们的认识。领导们一致认为，她是一个不可多得的员工。在出现变故的时候，她没有丝毫的慌乱，也没有丝毫的不满，而是非常冷静和从容。我在这家公司工作了这么长时间，还没有见到过这样的员工，很多人在遇到变故的时候，都会临阵脱逃。试想一下，公司怎么可能喜欢临阵脱逃的员工呢？像李红这样的员工，公司永远不会嫌多，也永远不可能开除。"

职场就是如此，没有一个领导喜欢临阵脱逃、没有责任感的职工，也没有一个领导不喜欢遇事不乱、处变不惊的下属。我们要想得到领导的赏识和重用，除了尽心尽力地做好本职工作，还应该锻炼出一种处变不惊的本领。无论面对什么样的变故，都不能惊慌失措，更不能抱怨和推卸责任，而是应该冷静下来，沉着应对。唯有如此，你才有出人头地的可能性。

有勇气的人不怕困难，他们面对困难不惊慌、不害怕，冷静下来后采取最有效的措施来解决，那么再难的事情也都不难了；相反，害怕困难的人一遇到困难就心惊胆战，只会不断地逃避，以后一遇到这样的事情，就会觉得一定没有办法来解决。所以，在突然降临的困难面前，千万不能逃避，而是要坦然接受，冷静对待，理智应对。做到了这些，你就拥有了强者的风范。

一身傲骨，哪怕被打压也绝不服输

我国历史上有许多有节气、有傲骨的故事，如陶渊明"不为五斗米折腰"，苏武不背叛、不臣服，在贝加尔湖牧羊19年等。他们知道如何追求自己的价值，如何维护自己的尊严。这种自强不息的精神，是我们应该学习和拥有的。

在日常生活中，有很多人却缺乏这种傲骨。一旦身处逆境，遭受打压或者被欺辱，他们不是想着如何捍卫自己的尊严，而只知道一味地妥协。他们觉得，只有妥协才是最现实的做法，只有妥协才能保持生活的宁静。实际上，当你一味妥协的时候，别人就会更加看不起你，就会变本加厉地欺辱你，欺负你。一旦到了无路可退的时候，你还会一厢情愿地想着息事宁人吗？

历史学家吴晗在其著作《谈骨气》中这样说道："什么叫骨气，指的是抱有正确、坚定的主张，始终如一地、勇敢地为当时的进步事业服务，遭遇任何困难，都压不扁、折不弯，碰上狂风巨浪，能够顶得住，吓不倒，坚持斗争的人。"骨气，是中国人的最基本特征之一。无论遇到什么样的情况，我们都

第6章
处处留心，不放过每一个与高手"过招"的机会

应该做一个有骨气的人。

1919年到1927年间，徐悲鸿先生在西欧国家留学。当时的中国正处在北洋军阀统治期间，各个军事力量之间互相混战，百姓食不果腹，国家贫穷落后，中国留学生在外国也常常受到一些人的歧视。

在巴黎的一次留学生聚会上，有一个法国学生醉醺醺地站起来，大声地说："中国是低等民族，愚昧至极，中国人只能当亡国奴。别说在法国留学了，就是把他们送到天堂去深造，也成不了才。"这时候，坐在一边的徐悲鸿被激怒了。他站起来，对这位法国学生说："先生，既然你认为中国人是愚蠢的，那么我现在和你打个赌。我代表中国，你代表法国，我们比一下，等学习期满的时候，看看谁是真正的人才，谁又是蠢材！"

从此之后，徐悲鸿就比以前更加努力地学习了。他常常带上一块面包和一壶水，去巴黎各大博物馆去临摹大师的绘画。在博物馆里，他一待就是一整天，不到闭馆时间就决不出来。他勤奋好学的精神感动了当时著名的画家达仰。他非常器重这位中国年轻人，就主动邀请徐悲鸿到家做客，在他画室里画画，并且免费亲自指导徐悲鸿。

有志者，事竟成。在徐悲鸿的努力下，他取得了优异的成绩。在巴黎国立高等美术学校举行的几次考试和竞赛中，徐悲鸿每次都能获得第一名的成绩。1924年，在老师和朋友们的帮

助下，徐悲鸿在巴黎举办了自己的油画展，轰动了整个法国的美术界。人们提到徐悲鸿的名字就纷纷竖起大拇指，称赞他是一个了不起的中国人。后来，那位在众人面前辱骂中国人无能的法国学生，亲自来到徐悲鸿的面前，向他道歉。这位法国学生说："徐悲鸿先生，你是个了不起的天才，我认输了！"徐悲鸿却说："我不是天才，因为我心中装着我的祖国，是她给了我力量和智慧。祖国在我心中是神圣的、伟大的，任何人都不能侮辱我的祖国。"

"不可有傲气，但不可无傲骨"是徐悲鸿先生的座右铭。无论遇到怎样的情形，他都不退缩，不躲避，不委曲求全。在国外是这样，在国内也是这样。回到祖国之后，他没有被高官厚禄诱惑。他坚持自己的做人原则，走自己的路，用自己高超的技艺为国家服务，为中华民族增光。徐悲鸿先生的这种精神，不正是我们应该学习的吗？

傲骨不等于傲气。有傲气的人会趾高气扬，目中无人，容易招致别人的轻视和不屑。但是，有傲骨的人则只会让人感到亲切和蔼，感受到他内心的力量和尊严。有傲骨的人，不但能够坚强地走自己的路，也能够影响到别人，感染到别人。无论是对人还是对己，都有着很好的推动作用。

傲骨，是胸怀大志者的通行证。拥有傲骨，也就拥有了登高望远、天阔地广的襟怀，更拥有了不负清高而又能够从善如流的大家风范。拥有傲骨的人，从来不会用贬低别人的方式来抬高自己，更不会因为别人的嘲笑而自我贬低。他们知道自己需要什么，知道如何做才能够维护自己的尊严。在遭受打压的时候，他们从来不会屈服，而是奋起抗争，用实际行动来改变别人对自己的印象。人一旦拥有了傲骨，也就拥有了百折不挠、奋力拼搏的心。因此，我们要想在事业和生活上有所成就，就应该有响当当的傲骨！

在"牛人"面前,要做到谦逊好学

自古以来,很多人都有一个共同的毛病,那就是好为人师。说它是"毛病"一点也不为过,因为好为人师其实就是一种高调的表现,无形中抬高了自己,贬低了对方。有的人无论遇到什么事,懂或不懂,总要装出一副学识渊博的样子,对旁人指指点点、指手画脚,甚至抓住机会还要教训别人两句。这其实是一种没有修养和素质的表现,很容易引起他人的反感。

好为人师的人并不是真正能够做别人的老师,只是无论别人是否请教于他,他都喜欢指点、纠正别人。这样做的目的并不是帮助别人,而仅是为了突出自己,生怕别人不知道他有多能干。毫不客气地说,这其实就是一种爱炫耀、好出风头的表现。

当然,还有一种人则是太过自我,太自以为是。他们总觉得自己的想法才是对的,自己的观点才是最正确的,总认为自己比别人高明、比别人能干。这样的人总喜欢将自己的想法强加给别人,而不去考虑他人的感受。毋庸置疑,这种人其实并

第6章
处处留心，不放过每一个与高手"过招"的机会

不是他们自己所想象的那样无所不能，而只是夜郎自大、主观意识过强，做事却欠缺思考。

刘禹锡是唐代著名诗人，他学富五车、才华横溢，在文学上很有造诣。但他也因为为人处世不够圆滑而给自己带来过大麻烦。

当时有个才子名叫牛僧孺，因为仰慕刘禹锡的才华与名望，上京赶考时特意将自己的得意之作送给刘禹锡看，并谦虚地表示希望刘禹锡多多指正。这句话正中刘禹锡下怀，因为他觉得自己对牛僧孺的文章多加修改能帮助他学到更多的东西。于是，他毫不客气地打开牛僧孺的作品，并当着他的面一边看，一边提笔修改。

刘禹锡改得高兴，却全然没有意识到牛僧孺的脸色已经大变。因为牛僧孺并非籍籍无名之辈，他也是一个十分富有才学，并且有着凌云壮志的青年才俊，但他有些小心眼。况且他当时带去的是自己最得意的作品，原本想听到刘禹锡的夸赞，却不料被刘禹锡改了这么多，自然十分尴尬，心中也难免不快，从此便将此事暗暗记恨在心。

后来，牛僧孺果然考中，并且从此青云直上，仕途得意，一直做到了当朝宰相。有一天，刘禹锡与牛僧孺偶然相遇，牛僧孺邀请刘禹锡一同饮酒畅谈。当朝宰相相邀，刘禹锡岂有推却之理？于是欣然接受。酒过三巡，牛僧孺诗兴大发，令人取来纸笔，当场写下一首诗，并递给刘禹锡。刘禹锡一看，惊出

一身冷汗,原来诗中有这样两句:"莫嫌恃酒轻言语,曾把文章谒后尘。"明摆着是嫉恨当年刘禹锡修改他文章的事。刘禹锡又惊又怕,幸亏他文采好,人又机灵,赶紧和诗一首,表明自己的歉意。牛僧孺这才表示不计前嫌,就此作罢。

回到家中后,刘禹锡依然惊魂未定。他将此事告知他的弟子,并语重心长地对他们说:"当年我一心想扶持晚辈,不料却差点惹来杀身之祸。所以你们要切记,不要好为人师。"

刘禹锡"好为人师",结果却给自己带来了大麻烦,前车之鉴,确实值得现代人引以为戒。

其实说到底,好为人师者之所以不受他人欢迎,就是因为他侵犯了人们意识中的"自我"。每个人都有"自我"意识,无论是高傲的人还是谦逊的人,"自我"意识都是不容侵犯的。虽然外在的表现形式不一样,但内心对于冒犯他们"自我"的人是非常反感的。所以,"好为人师"不如"拜人为师",与其做一个令人生厌的指手画脚之人,不如做一个谦逊好学、不耻下问之人,这样必能赢得他人的赞赏和欢迎。具体来说,大致要做到以下几点。

第一,遇到事情不要贸然开口,要等了解情况后再发表意见。发表意见时,态度要诚恳,语气要谦和,切不可颐指气使、盛气凌人,否则即便你所提的意见或建议是正确的,也会令人难以接受,甚至可能引发矛盾,结果适得其反。

第二,所谓"不耻下问",就是只要遇到自己不懂或不会的问题，无论对方是谁，哪怕年龄比你小、职位比你低、学历比你浅，都要虚心求教。每个人总有某一项专长，在某方面可能是专家。况且，越是不耻发问，就越显得你低调、谦和，别人不会因此而轻视你，相反，更会因为你的谦逊好学、虚怀若谷而心生敬重。

第三，"师长"的称号是别人尊的，而不是自己封的，不要时时刻刻摆出教训别人的态度和语气。不要为了争做"师长"而总是盯住别人的过失或错误，更不要吹毛求疵、鸡蛋里面挑骨头，或者为了显示自己而刻意贬低别人，故意夸大对方的错误，这样不但会引起对方的反感，而且会显得自己浅薄、阴暗。假如你的确有水平，你的能力和学识也的确"能为人师"，那么不用争、不用刻意表现，别人也会尊你、敬你如师长。

总而言之，好为人师常常会给自己招惹麻烦，百害而无一利。既然如此，何不"拜人为师"？既可以提高自己，又能收获谦虚低调的好名声，获得好人缘。

与领导和同事相交，也要有向上社交的心态

俗话说："一个篱笆三个桩，一个好汉三个帮。"如果你不懂得或不善于利用他人的力量，光靠单枪匹马闯天下，是很难施展才华的。在生活中，我们身边有许多方面的人际关系，这些都需要我们去斡旋、利用，其中最主要的，也是我们最容易忽视的，就是与领导、同事的沟通关系。与领导和同事做好沟通，建立和谐的关系，如此，我们才能更轻松地应对工作。

一位职业女性这样讲述了自己的工作经历：

我从事销售工作已经一年了，当时，我在一家公司为建筑施工企业的管理者提供建造师、监理师等职业资格培训。这份工作最后以辞职收场，主要原因在于我与领导的意见不合。那时，公司在拓展南京市场，我向领导建议拓展南京周边的市场，比如扬州等城市，以此扩大市场占有率。随后，我拟写了一个营销方案，但这个营销方案没有得到领导的认可，他坚持要专心把南京市场做好。我对此十分生气，后来与领导大吵了一架，怒气冲冲的我对领导说："你没有战略眼光！"接着，我就辞职了。

虽然她这种向领导建言献策的精神值得我们欣赏,但是,她与领导沟通的方式与态度却是不可取的,与领导因为意见分歧而争吵更是不可取。作为下属,直接对领导说"你没有战略眼光",会直接激化与领导的矛盾,最终达不到出谋划策的目的。因此,我们在向领导谏言时不仅要说到关键点上,同时也需要注意自己的表达方式与态度。一位公司的董事长这样说:"作为领导,我希望下属能提供系统的问题和解决方案,而不是一些零碎的观点和牢骚。"

小雨刚到公司不久,主管就安排他与一位老同事共同写一份计划书。在确立计划书的形式时,小雨提出了自己的看法,可是,老同事却以不屑的眼光说道:"小姑娘,你想邀功的心情我理解,但你才进来,还是低调点好,小心'枪打出头鸟'哟。"小雨心中很生气,但她冷静地想了想,老同事是干了十几年的老职员,如果与老同事发生了矛盾,对自己今后的工作十分不利。于是,小雨诚恳地说:"我其实并不想邀功,只是希望与您合作,能够干出点成绩来。"听了小雨诚恳的话语,老同事同意讨论讨论小雨的方案。

一些老同事会凭着自己资历深厚,而对新人的言行举止百般挑剔、抵触或者根本不认同,处处干涉、事事指责,让一些职场新人无法施展自己的能力,工作总是被牵制。另外,一些老同事还有一定的戒备心理,他们在工作上很保守,不愿意指点、帮助新同事,害怕"教会了师傅,饿死了徒弟"。面对如此刁钻的同事，我们该怎么办呢？其实，只要我们言语中流露出对他的尊重或者赞美，对方就一定会被感动，并愿意成为我们工作中的合作伙伴。

1.过好心理这一关

在工作中，我们与同事都是合作的关系，并不完全是互相竞争。毕竟把整个工作项目做好，才是老板的最终需求。所以，当你在工作项目中遇到一些困难时，应该主动寻求帮助，不要认为向别人寻求帮助就是自己能力低下的表现，每个人都有擅长和不擅长的一面，或许你擅长的恰恰是对方不擅长的。而且，在主动求助的过程中，还可以和谐同事关系。

2.明白你需要什么样的帮助

通常情况下，模棱两可的目标往往会导致模糊不清的结果。所以，当你需要向领导或同事求助的时候，需要明白自己到底需要什么样的帮助，这样可以增加成功的概率，同时也可以节省一些时间。

3.向具体的某位同事寻求帮助

假如你认为同事中谁可以帮助你，那你就直接去找这个人，这样你获得帮助的机会就会大很多。

4.感谢对方的帮助

当对方协助你完成工作项目之后，一定要记得感谢对方的帮助，这样对方会感到自己所花费的时间和精力是受到肯定的。而且，即便你以后需要帮助，也可以再请求帮助。如果对方需要你帮忙，你也应该答应，这样才能建立相互协作的关系。

5.将功劳送给别人

假如领导和同事都夸你工作完成得很好，你应该让他们知道是谁帮助了你，要将功劳分一些给帮助你的人。这不仅会让帮助你的人心里感到由衷的高兴，也会给领导留下好印象。毕竟，聪明的管理者总是欣赏那些齐心协力为共同利益完成工作的人。

在公司，我们接触最多的就是领导与同事，工作的事情需要向领导汇报，工作的细节需要与同事商量，对我们来说，他们无疑是我们工作中的核心人物。为此，我们需要与同事、领导做好沟通，建立好关系，只有这样，你的职业生涯之路才会更加平坦。不仅如此，当我们需要帮助的时候，应该主动寻求他人的帮助，这样可以减轻不少工作上的压力。

第 7 章

提升自我,向上社交的本质是价值互换

CHAPTER 7

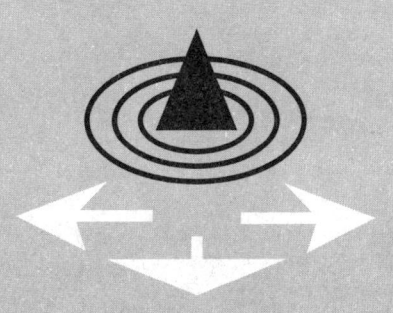

一个人的价值会影响到他的人际交往

人们都喜欢和那些浑身散发活力，充满正能量的人交往。朋友会在你一朝落难的时候扶你一把，会助你重拾信心和勇气，甚至出资出力为你两肋插刀，那是因为他们对你有信心。如果有一天你真的自暴自弃了，大部分人都会远离你，因为你已经没有价值了。

王敏如是一名普通员工，由于她没有什么经验，进入公司后，她的领导让她先从一些简单的事情做起，主要负责一些稿件的复印、收发等工作。王敏如虽然不太乐意，但还是很积极地投入了工作。她的每一份工作都做得非常好，可以说尽职尽责，因为她觉得这些都是提升自己能力，让自己更加优秀的锻炼。

当部门的同事有要复印的资料时，都会跑过来找她。这时，王敏如非常负责，在复印的过程中如果发现文件有问题，她就会及时地告诉同事。王敏如的认真负责，使同事们少犯了很多错误。

一天，王敏如的领导匆忙地拿着一份合同让王敏如复印，她习惯性地把合同看了一遍,领导看到王敏如拿到文件不去复印,反而在那里仔细地看,便很不耐烦地催她。这时,王敏如指着合同中的一个地方,告诉领导她发现的问题。她的领导看到后吓出了一身冷汗,要不是王敏如发现,公司可能要给供货商多付几百万元。

领导没有想到王敏如对工作这么负责,不久之后,就让王敏如担任了自己的助理,他对王敏如说:"有你这样的员工做我的助理,我是一百个放心。"

每个人都有自己独立的人格,你没有理由无缘无故地奢求别人主动来喜欢你,你必须端正自己的心态,提升自己的价值与魅力,才能使自己具备招人喜欢的特质和品行,赢得他人的关注和青睐。事实证明,人们越喜欢你、越认为你亲切,他们就会越想看到你的身影、听到你的声音,也就越愿意和你出现在同一场合。成为一个有价值、有魅力的人,成为一个真正亲切、讨人喜欢的人,比其他任何品质都能为你争取到更多的机会。

那么在不断提升自我的过程中,我们需要做点什么呢?

1.克服自身不利的性格因素

人的个性千差万别,一方面是受遗传因素的影响,另一方面是生活环境和个人修养使然。可是,这并不意味着一个人对自己的个性就完全无能为力。相反,为了提升自己的生活品质,我们应该积极地克服那些对自己不利的性格因素,寻找能为自己的个人魅力加分的良方。

2.养成积极开朗的性格

一般来说，人格、性格特点都有利于社交圈的形成。例如，自信、乐观、喜欢融入群体、乐于帮助别人、善于换位思考，等等。养成这些习惯，并不是说让每个人都成为外向的人，因为人的性格无法强行做出改变。

3.时刻为自己充电

只有天天学习，才能天天进步，让能力得到不断的提升。每个人都应该把学习作为自己的责任之一，只有这样，才能更好地工作，创造出更辉煌的业绩，获得更多成就自己的机会。

4.提升自己的沟通力

平时要积极改善人际关系，特别是要加强与上级、同事及下属的沟通，要切记，压力过大时要寻求主管的协助，不要试图一个人把所有压力承担下来。同时，在压力到来时，还可主动寻求心理援助，如采取与家人朋友倾诉交流、进行心理咨询等方式来积极应对。

5.多培养一点兴趣爱好

兴趣和爱好是与他人相识、广交朋友的一个很好的"媒介"。如果你喜诗爱画、能歌善舞，集邮、摄影、体育样样懂一些，你就与朋友有了可共同参与的活动、共同的语言、共同的心声。无形中，你会和他人建立起友谊，对方也会逐渐对你产生好感。

作为一个普通人，我们需要吸引力，它能使你有足够的魅力吸引别人，你的人气才会旺，才会使你赢得足够的支持。要是你想成为一个领袖人物，那就必须具备吸引别人的能力，也就是常说的号召力和影响力。

首先要有好品质，才有被赏识的可能

在我们的身边，或许经常有人这么抱怨："千里马找不到伯乐，领导总也看不到我啊！""我这人幽默开朗，诚实大方，居然没有几个人愿意跟我称兄道弟！"听到这些抱怨的时候，你是哑然失笑，还是深有同感，甚至和抱怨者同病相怜以至抱头痛哭呢？我们在思考前不妨先冷静下来，端正心态后认真想一想：为什么获得别人的赏识和肯定那么难？

我们先来看看"赏识"一词的定义：认识到别人的才能或成绩等的价值而给予重视或赞扬。从这个定义中我们可以看出，赏识是一种由双方的智慧碰撞而产生的行为。当我们为自己的画沾沾自喜时，观众首先要看懂这幅画或从中看到妙处，才能对你赞美有加，否则这张画在他们眼里不过是一张涂了颜色的纸。当我们为自己的聪慧自鸣得意时，我们的聪慧首先要真的为我们、为他人带来益处，为集体、为国家作出贡献，才能得到他人的肯定，否则对他人来说这也并不是什么值得赞许的长处。换言之，只有当我们值得别人欣赏时，我们才能从别人的眼中看到赏识。战国时期著名的纵横家、外交家苏秦的坎坷经历，便是对这个道理的印证。

苏秦年轻时，拜鬼谷子为师。没过多久，苏秦觉得已经学有所成，便辞别老师，开始闯荡天下。然而，他在外游历多年，没有受到任何国家的重用，最终潦倒无奈，返回家乡。

回到家中的苏秦，衣衫褴褛，瘦骨嶙峋。妻子见他这般模样，不仅不为他接风洗尘，反而叹了口气，继续坐在织布机前织布。嫂子见了苏秦，掉头便走，连为他张罗饭食都不愿意。而他的父母兄弟，也都私下讥笑他不事生产，只顾逞口舌之力，是本末倒置的行为。

看到家人这般对待，苏秦既惭愧又难过。他自己也作出了反省："妻子不理我，嫂子不认我，父母兄弟笑话我，都是因为我自己不争气，怪我当初没有学到真本事。"他决心发奋读书，一定要学有所成。从此，他闭门谢客，遍览所藏之书。

苏秦读书刻苦，每天读至深夜。有时候他太过疲惫，不觉间便睡着了，到了第二天醒来，他总是懊恼不已。后来，他想出一个办法，每当自己困意难当时，便用锥子刺自己的大腿，以剧烈的痛感让自己清醒。有了这个办法，苏秦总算战胜了困意，但也因为如此，他的大腿经常鲜血淋漓。

家人见他如此，心有不忍，便劝道："男儿想要建功立业的心情，我们能够理解，但你不一定非要这样对待自己啊！"

苏秦不为所动，答道："若非如此，我就会忘掉过去受过的屈辱。"

第7章
提升自我，向上社交的本质是价值互换

苏秦读遍藏书后，感叹道："拜师受教，寒窗苦读，如果不能换取功名利禄，那么读再多书也没有什么用。"于是，他找到《太公阴符》，用心钻研。一年之后，他揣摩出纵横之术，于是再次出去闯荡，历经了东周、秦国、赵国的闭门羹后，他在燕国找到了自己发挥的舞台。他联合齐、楚、燕、赵、魏、韩六国合纵抗秦，巅峰之时，一人佩六国相印，一时风光无限。

面对求职的坎坷，面对他人的羞辱，面对家人的不解，苏秦没有抱怨，他深刻反省，并积极做出行动。正是因为他敢于正视自己的不足，决心提升自己，并刻苦攻读，坚持不懈，最终才能学有所成，开始了他璀璨的政治之路。如果苏秦不曾"锥刺股"，如果他将第一次的失败归咎于别人的"有眼无珠"，那么，还会有后来那个佩六国相印的他吗？还会有后来那个名垂千秋的纵横家吗？可见，未遇伯乐之前，我们首先要做的，是让自己成为真正的千里马。

他人的赏识源自你的才华，源自你的成绩，源自你身上的每一个闪光之处。所有的赏识都有其产生的根源，或是真心的欣赏，或是虚伪的吹捧，没有人会平白无故地去赏识别人。那么，为了获得别人真正的、发自内心的赏识，我们又该怎么做呢？

1.调整心态，停止抱怨

面对他人的冷落，抱怨不会给我们带来任何好处，只会让

自己深陷其中，愤愤不平，丢失积极上进的心；只会让他人倍添反感，更加坚定之前对于我们的判断；还会让周围的人逐渐看轻我们，远离我们。因此，对于难遇伯乐的局面，我们应该坦然接受，平和面对。只会抱怨的人，不会获得长久的友谊，也没有稳固的人脉圈。只有心态良好、积极正面的人，才能赢得大家的喜爱和支持。

2.认清自己，从善如流

一个人看不出你的才华，也许是他个人的问题，但若是所有人都看不出你的才华，那么问题又出在哪儿呢？有自信是好事，坚持自己的主见也是好事，但这并不妨碍我们听取多方言论，综合所有客观意见，更加全面地认识自己。从善如流是一种勇气，更是一种智慧。也只有真正自信的人，才能做到选取合理的建议，主动纳为己见，而后坚持到底。

3.完善自己，提升品质

"金无足赤，人无完人。"世上的每一个人，无论多么优秀，都有他不足的地方，都有他需要学习的事物。学习是对自身的提升，对自身的完善。我们所说的学习，并不是狭义的读书、受教，而指的是学习生活中方方面面的事物。如各类知识、专业技能、社交手腕，以及他人的优良品德等，都是我们需要学习的对象。

珍珠之所以名贵，是因为牡蛎经过了漫长的折磨，最终将沙粒变成了珠宝。我们很多时候不能被人赏识，也许是明珠暗投，也许是运气不佳，但更有可能，是自己仍是一颗沙粒，还没有成为足够圆润璀璨的珍珠。因此，想要获得别人的赏识，先从自己着手改进，不经一番寒彻骨，怎得梅花扑鼻香。

适时顺应，能赢得人心

一位作家曾在文章中这样写道："一个懂得并充分运用余地的人，十有八九是成功者。而猛将和总是目的单纯的人，往往很快就会碰壁。"我们每个人都是独立的个体，每个人都有独立的思想和属于自己的处事方式。现实生活中，当这些独立的个体融合到一个大集体中时，难免磕磕碰碰，产生各种分歧。这个时候，有人缄默不语，有人据理力争，而智者往往会选择留有余地，对滔滔不绝的人表示适度的顺应。因为他们知道，比起大动干戈、两败俱伤，适当让步能让问题更快、更好地解决，也能更容易让自己获得他人的好感。

赵蕾大学毕业后一直留在北京谋生。她一心想要闯出一片天地，可跌跌撞撞几年，依旧只能在一家小公司工作，每个月靠微薄的薪水糊口。

父母看着她这样的情况，急在心里，更急在口中。每次过年回家，赵蕾都要接受父母的轮番轰炸，不是让她赶紧回家乡谋职，就是催她赶紧定下终身大事。原本阖家团圆、共度佳节的日子，越来越让赵蕾苦不堪言。今年，她下定决心，如果父

第 7 章
提升自我，向上社交的本质是价值互换

母再提这些事，她什么也不听，什么也不答。

大年三十这天，吃完年夜饭，一大家人聚在一起看起了春晚。正看着，赵蕾的舅舅向赵蕾的父亲使了个眼色，然后走向赵蕾，给她递了罐饮料，笑着说："小蕾啊，你比去年又瘦了些，怎么样，在北京的生活还好吗？"

赵蕾支支吾吾。舅舅又说："我总劝你爸妈，让他们别总烦你。可是啊，谁的孩子谁知道疼，你看你，在外面那么辛苦，你爸妈也是心疼你啊！别说你爸妈，就是你舅舅我这个大老粗，看着外甥女这样，心里也不是滋味啊！"

赵蕾默默喝了一口饮料，还是没有开口。舅舅拍了拍赵蕾的肩，接着说："年轻人，有梦想是好事，有冲劲儿更是福气，我年轻那会儿，心比你还大，还一心要成为中国首富呢！"说完，舅舅和赵蕾一起笑了起来。笑完后，舅舅又说："你在北京也好几年了，我听说这么一句话，一百个北漂也不一定能出一个真正实现梦想的，你说这话有道理不？"

看着赵蕾轻轻地点了点头，舅舅接着说："北京的房子嘛，咱现在肯定是买不起了。等买得起的时候，还不知购买条件又变成啥样了，你说对不？没个房，一直漂着，心里也不踏实，连成家都不敢成，你说是不？"

赵蕾不由得重重地点了点头，舅舅趁机又说："每回带着我孙子来你家，你妈妈都乐开了花。按说，你比我儿子还大3岁呢，可你看，如今他这混小子都成家生子了，你却还一直拖

着,也不能怪你父母着急啊,咱也得体谅体谅做父母的心,是不是?"

"可是舅舅,这事儿也急不来啊!"赵蕾轻轻地回了句嘴。

舅舅点点头:"是啊,确实急不来。但急不来也不能完全不考虑啊!年轻人的事,还是要自己做主。我也不是催你,就是想着啊,你要是能回来该有多好。家乡这几年发展也很快,你找份稳定的工作,遇到好姻缘,结婚生子,你爸妈每天弄孙为乐,你们夫妻恩爱,共同为事业打拼——嘿,这小日子,想想都觉得美啊!"

赵蕾没有再说话,而是陷入了沉思。春节结束后,她辞去了北京的工作,回到了家乡。

赵蕾的舅舅之所以能够成功劝服赵蕾,就在于他没有像赵蕾的父母那样不断否定赵蕾的选择和想法,而是先予以关爱,然后表达了自己对她的肯定和理解,让赵蕾对于这一次谈话不至于生出抵触情绪。随后,他再摆明事实,讲清道理,便可一击即中,说服对方。

适当的顺应不是无底线的妥协,而是一种为了顾全大局,既能坚持自己的原则,又能巧妙解决问题而作出的适当的让步。强烈的争吵或辩论,即便能为你带来一时的胜利,也无法赢得他人的信任与诚服。

想要事情按照你的想法发展,想要对方按照你的意愿行动,你首先要能驾驭全局,要能获得对方的信赖与好感。当一切尽在你的掌握,当对方由对手变为朋友时,你不仅能够将事情顺利、圆满地解决,还赢得了一个真心喜欢你、敬佩你的伙伴。而这一切,都要从你学会点头、懂得让步开始。

那么,我们在与人交流的过程中,在处理一些矛盾时,应该怎样争取人心呢?

1.将心比心,易地而处

处理人际关系时,一味地"我以为""我觉得"是沟通大忌,轻则让你事倍功半,啰唆半天没一句说到对方心坎儿上;重则让你事与愿违,对自我主观意识的过度表达让对方难以视你为知己,不但不会听从你的意见,还有可能对你产生厌恶,认为你是一个极度自我、难以沟通的人。因此,在与人交流、处理矛盾时,我们首先应该站在他人的角度来思考问题,切身体会对方的真实感受,这样才能获得对方的信任,并且有的放矢,切中要害。

2.表达理解,适当赞美

对于对方与你相悖的想法或理论,你应当表现出客观的态度,在表示能够理解对方的基础上,以适当的方式和言辞给予肯定或赞美。这会让原本剑拔弩张的对方放松警惕,对你由排斥转为信赖。而由于你先赞美了他,他感受到自己得到了你的肯定,那么你后续提出的意见,他也更容易接受。

3.态度温和,语气平和

我们说的适度顺从,不仅包括言语上的让步,也包括态度上的温和。不论接下来是要着手于推翻对方的理论，还是让对方接受你的意见，在双方交流时，你都要保持温和的态度，以平和的语气与对方沟通。从某个角度来说，语气的强弱，表示了你心理对抗程度的强弱。温和的语气可以显得你没有敌意，能让对方感受到你是在与其商量、探讨，而不是命令、要求。这种态度能让对方感受到来自你的尊重，从而投桃报李，更加尊重你、信任你。

人心是争取来、赢来的，而不是强夺来、绑架来的。想在争吵或辩论中以言语、态度上的强势获得他人支持，赢得他人信任，那无异于想靠强取豪夺获得人心。信任来自理解，支持来自诚服，在必要时，点一点头，让一让步，在不久的将来你会发现，你的顺应换来的不是丢失立场、丢失尊严，而是对方友好的回馈，是你们日渐深厚的情谊。

用自嘲展现你的友善

当我们面对困难、身处窘境时,当他人遭遇尴尬、进退维谷时,睿智的人往往用一两句幽默的语言就能让一切云开雾散。幽默的方式有很多种,其中有一种既不得罪其他人,又能使事情得以轻松解决的方式,就是自嘲。简单来说,自嘲就是自己嘲笑、讽刺自己,拿自己开涮,以博他人一笑,使气氛变得活跃、轻松。

能够自嘲、敢于自嘲的人,都是真正的人生智者、交际高手。因为从心理学的角度来说,一个人愿意自嘲,首先需要有强大的自信。一个自信不足、内心没有底气的人,是无法拿自己的错误或缺点开玩笑的。此外,一个善于自嘲的人会让周围的人感受到他的豁达、他的坦率,更能感受到与他在一起时的开心与自在。

自嘲不是阿Q式的"精神胜利法",而是一种自谦,一种主动曝光自己、幽默批判自己的自我调节方式。对于人际矛盾,它温和而有效,睿智而从容。它不会激起对方的不满情绪,反而让对方莞尔一笑,让大家在欢笑中忘掉争执,化解矛盾；它不会让你在大家眼中变得真如你所说的那样差，反而会让大家更加欣赏你的幽默，佩服你的机智，让你在大家心中的分量更重。

那么，我们需要保持怎样的心态，才能让自己处变不惊，面对各种突发状况，用一句简简单单的自嘲就改善局面，替自己或他人解围呢？

1.不再忧虑、遮掩

很多人在面对自己的错误或他人的指责时，总是习惯于立刻反击，脸红脖子粗地与人争辩，生怕其他人看低了自己。其实，犯错之人越是这样，他人越容易看低他。当你能够犯错后不急着遮掩、面对他人的指责虚心接受时，人们反而会因为你的坦诚、谦虚而更加信赖你、亲近你。何况，适当地暴露缺点，本就是拉近与他人距离的妙招。

2.化劣势为优势

世上没有十全十美的事，更没有十全十美的人。对于一些难以改变又无伤大雅的缺陷或错误，我们不妨换个角度，以幽默的方式将其"转换"为优点。

3.树立自信

自信是自嘲的基石，没有自信的人，是不可能乐于自嘲、善于自嘲的。我们要想以自嘲来化解矛盾，赢得人心，首先需要自己树立高度自信。一个人只有内心变得强大，变得成熟坚韧，才能正视自己的不足，微笑面对他人的指责甚至是挑衅；

第 7 章
提升自我,向上社交的本质是价值互换

才能不惧将自己的缺点展示人前,并以其为自嘲的"原料",为大家奉献一道可口的"小菜";才能以一个并不完美但受人欢迎的形象,走向人生的高峰。

　　自嘲是一种处世的哲学,是一种生活的智慧。自信的人敢于自嘲,豁达的人乐于自嘲。自嘲为他人带来了快乐,也为自己赢得了掌声。在你的自嘲声和他人的欢笑声中,你的魅力将扩散至每一处,将大家紧紧包围;你的光芒将照射到所有角落,使众人共同沐浴在这片温暖中。

找到值得学习的对象，并虚心请教

我们需要成长，需要不断发挥自身的潜能，去实现自我价值，而他人的经验及智慧又是我们不断向前、尽快实现自我价值的捷径。因此，我们要虚心地向别人请教，以提高和完善自己。无论怎样，我们都要找到值得学习的对象，并以开放的心态和受教的态度向这些人学习。

我们需要掌握的知识、技能是无限的，而一个人的聪明才智是非常有限的。所以，应该把自己的姿态放低些，多向别人学习。你可能才华横溢并且工作能力卓越，但如果只知道一味高调，你的"出众表现"可能就会得罪同事和领导。因此，不管你能力如何，都应该时刻把自己的位置放在低处，这样才能博采众长，快速成长。

一天，青年宏志千里迢迢来到法门寺，向住持释圆诉苦说："我一心一意想学绘画，但许多人都是徒有虚名啊，我至今没有找到一个能令自己满意的老师！"

释圆听了这番话，淡淡一笑说："老僧不懂绘画，最大的嗜好就是品茗饮茶，尤其喜爱那些造型流畅的古朴茶具。既然施主的画技不比那些名家逊色,就烦请施主为老僧画一个茶杯和一个茶壶吧。"宏志一口答应下来。于是他调了一砚浓墨,铺开宣纸,寥寥数笔,就画出一个倾斜的水壶和一个造型典雅的茶杯。那水壶的壶嘴正徐徐吐出一脉茶水,注入那茶杯中。宏志问释圆:"这幅画您满意吗?"释圆微微一笑,摇了摇头。

释圆说:"你画得确实不错,只是把茶壶和茶杯放错位置了。应该是茶杯在上,茶壶在下呀。"宏志听了,笑着说:"大师为何如此糊涂,哪有茶壶往茶杯里注水,而茶杯在上茶壶在下的?"释圆听了,又微微一笑说:"原来你懂得这个道理啊!你渴望自己的杯子里能注入那些丹青高手的香茗,但你总把自己的杯子放得比那些茶壶还要高,香茗怎么能注入你的杯子呢?只有把自己放低,才能吸纳别人的智慧和经验啊。"

人要想在学业上有所精进,不仅需要谦逊,而且要有雅量,还要放下架子,虚心求教。

常言道,留心处处皆学问。我们身边能力强的人很多,他们的言行举止都是我们要注意观察和学习的。这就需要我们在为人处世时虚心向别人请教,以提高和完善自己。

学会在适当的时候保持低姿态,谦虚地向人学习及请教,是一种聪明的处世之道。人世繁杂,为了不结私怨、不招灾祸,就要保持低调的姿态,于人于己都要留条退路,随时向他人请教,这样才能赢得人心。

不论人的资历、能力有多出众，在浩瀚的社会里都是非常渺小的。自认怀才不遇的人，往往看不到别人的优秀；愤世嫉俗的人，往往看不到世界的美好；只有敢于低头并不断否定自己的人，才能够一直吸取经验教训，让自己不断地成长与进步。

第 8 章

适时表现，主动让高手看到你的才华与能力

CHAPTER 8

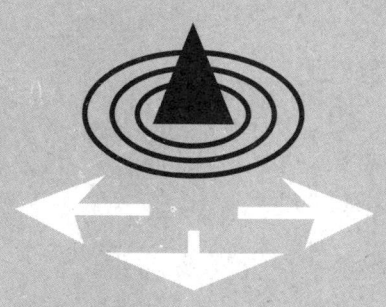

唯有实际行动，才能让对方看到你的能力

很多时候，我们滔滔不绝，却很少能赢得别人的欣赏。不是你不够优秀，而是相对于你意气风发的口舌之词，别人更相信自己的眼睛。在表达之余，用实际行动适当地表现一下自己，证明你真的有能力把所说的变成现实，这样才能得到别人的肯定和认可，别人才会打心眼里欣赏你。

邓拓是省局刑侦大队派到市里面来协助破案的。有一起案件让负责侦破的张队长着实头疼。按理说，邓拓的到来给他们带来了希望。因为邓拓在省局的警队破案是出了名的厉害。

可是，邓拓来了之后却发现，大家并不是如他期望的那样欢迎他。尽管此案由他全权负责，可是在他发号施令的时候，下面的警察不但不听，还冷嘲热讽，出言挤兑。这天，在开警队会议布置任务的时候，他把盯梢的任务交给了警员小海和明明。

盯梢可是个苦差事，每次都是大家最不愿意干的活。当任务下达之后，小海不冷不热地说："邓队，我们都有任务了，那你干什么啊？"

邓拓见小海有些不服气,说:"我去抓疑犯,据可靠情报,这次凶案的一个从犯最近露面了。"

小海冷冷地说:"抓人谁不会啊?要不咱们换换,你来盯梢,我跟明明前去抓人?"

邓拓说:"凶犯极其彪悍,我怕你们两个应付不来。"

明明走上前说:"那你怎么就确定自己能应付呢?"

邓拓说:"想当年,我一个人对付八个凶犯,你们能应付得来吗?"

明明不屑一顾地说:"切,吹牛谁不会啊。"

最后,邓拓只好让小海和明明前去抓捕,但他悄悄跟在了小海和明明的身边。

抓捕的过程中,凶犯强横抵抗,小海和明明与对方对打了起来。尽管他们在警队是数一数二的搏击高手,可是在和凶犯的搏斗中,仅仅支撑了几分钟就被放倒了。当时情况危急,就在这千钧一发的时候,邓拓冲上来,踢掉了凶犯手里的手枪,仅仅三招之内,凶犯便被邓拓拿下,戴上了手铐。

这时候,小海和明明缓缓地从地上爬了起来。邓拓看了他们一眼,什么话也没有说。从那天起,警队里再也没有人对邓拓表示不服了。

故事里的邓拓在安排任务时,遭到了同事的不配合,尽管他说明了理由,可是别人并不怎么信任他。最后在抓捕过程中,他亮出了自己的身手,才赢得了别人的欣赏和尊重。

可见，在人际交往中，光凭嘴皮子功夫是得不到别人的尊重的，关键还要看你怎么"练"。那么，"练"要注意哪些方面的因素呢？

1.要自信大方一些

很多人能力很强，但总觉得在别人面前展现自己有些不妥当，因此扭扭捏捏，一味谦虚退让。事实上，这样可能会让别人觉得你没有真本事，只会耍嘴皮子。因此，不妨大方、自信一些，该表现自己的时候一定要表现，用实际行动证明自己。这样别人亲眼看到了你的能力，自然会欣赏、重视你。

2.表现自己时适度即可

在表现自己的时候，一定要注意适度，能证明自己即可。过度的表现会让别人觉得你在卖弄，这样，别人会觉得你仗着自己有才华而看不起别人。所以，表现是为了证明自己，让别人尊重你，而不是为了炫耀自己，让别人憎恨和妒忌你。

3.不要和别人一争高下

在你表现了自己的能力之后，难免会遭到一些心胸狭隘的人的妒忌，总要跟你争个高下。这时候如果你和对方较上劲，那么不管谁输谁赢，都不好收场。你赢了，则会招致更多人的妒忌，你输了，则会证明自己没能力，下不来台。所以，千万不要和别人计较和争斗，你的目的并不在此。

4.一定要记得谦虚一些

即使你表现得非常优秀，得到了大家的一致认可，你也应该及时地把谦虚表达出来。这样，别人才会觉得你真的有能力，有才华。如果别人在表扬你，肯定你，而你口出狂言，肆意张扬，则往往会影响大家对你的情感，由敬佩欣赏变成嫉妒和不满。这样，即使你有能力，也得不到大家的拥护。

制造一些噱头,能让别人关注到自己

生活中,往往有些人在不经意间说一些特别有意思的话,或者是开一个小玩笑,大家的注意力就会迅速地被吸引到他的身上。这样,别人对他的印象便会深刻得多,对他的了解也会更多,这样不仅增加了自己的受关注度,还增加了别人对你欣赏和认可的力度,这在人际交往中能起到非常重要的作用。

刘奇是个心直口快的男生,在与人聊天中,总能语出惊人,把大伙儿逗得哈哈大笑。因此,大伙儿都非常喜欢他。喜欢跟他说话,喜欢跟他交往。

有一次,政治老师上完课,离下课还有几分钟,为了和同学们拉近关系,政治老师鼓励同学们讲笑话,演节目,轻松一下。等几个同学表演完之后,有同学提议:"老师来一个!"

政治老师平日里不苟言笑,在这种场合自然是找各种理由百般推辞,说什么"不会唱歌""不喜欢唱歌"。这时候只听见刘奇喊道:"来段秦腔!"

顿时,同学们哈哈大笑了起来。

老师为了圆场,笑着说:"那是国粹,我哪会呢!"

同学们个个笑得前仰后合，尴尬的氛围解除了。

故事中的刘奇提出让老师来段秦腔，制造了一些小噱头，吸引了大家的注意力，从而让大家更加地喜欢他。由此可见，要想让别人对你有更深的印象，更加欣赏你，那么就要制造一些出人意料的惊喜，把大家的注意力聚焦在自己身上。那么，究竟如何制造一些小噱头，才能吸引他人的注意力呢？

1.有积极乐观的心态

通常，会制造小噱头的人往往有乐观的心态。事实上，只有开心的人，才能发现生活的快乐，才能在人际交往中把快乐的情绪表达出来，吸引别人的注意力。很难想象，一个整天唉声叹气、悲观失望的人，会说出什么有意思的话来。所以，要想用一些小噱头来增加别人对你的印象，那么拥有积极乐观的心态是前提。只有你是快乐的，才能发现生活的快乐。

2.多和幽默的人交往

俗话说，"近朱者赤，近墨者黑"，要想让自己所说的话被人关注，就要让你的语言更加丰富。平日里多接触一些比较幽默的人，通过长时间耳濡目染，你就会在不经意间发现，你也很有幽默感了。当然，在表达你快乐的情绪时，别只顾着咧嘴笑，要注意留意观察别人的言语和动作，要思考同样一句话，为什么别人说出来惹人发笑，而你说出来却没有那样的效果。久而久之，你说出来的话便会有幽默感了，别人也喜欢听了。

3.要懂得适用语言技巧

人类情感的表达往往是通过语言和文字。所以，只有懂得语言技巧的人才能说出一些惊人的话，才能将大家的注意力集中在自己的身上。很多话换个说法，换个表达方式，效果会完全不一样。只有你学会语言技巧之后，很多看似平淡无奇的话经你的嘴说出来，可能就会引起大家的关注。

4.要掌握丰富的知识

很多人说话之所以很有意思，是因为这样的人有丰厚的知识。因此，要想让自己的语言有趣一些，就要掌握来自书本和生活的丰富知识。只有你肚子里有了"墨水"，才能随机应变，将话讲得趣味生动。否则你讲出来的话就会显得空洞和苍白，没有实际的意义，时间久了，大家也就不再被你吸引了。

适度夸夸自己,获得别人的重视和认可

很多人喜欢做默默无闻的"金子",等待着让自己发出光,被别人发现和认可。事实上,这个世界上"千里马"很多,懂得欣赏的"伯乐"却很少,要想被别人重视和认可,就要适当地表现自己,夸奖自己,这样才能更快地把自己推销出去,获得更多的机会。但是夸奖自己的话一定要真实,切不可胡编乱造,让人觉得你很浮夸。

大学毕业之后,赵辉拿着简历四处奔波着找工作。由于他是汉语言文学专业的,匹配的岗位相对来说较少。因而,他奔波了整整一个月之后,没有任何的进展。就在他心灰意冷之际,无意之中发现了一家国有企业在招聘秘书。

他为此而窃喜,但是他发现对方要求的是硕士学位,而他只是本科毕业。他并没有放弃,而是主动给对方打了电话,在电话中,赵辉被拒绝了,但是他从对方说话的态度中感受到了很大的余地。

于是这天,他带着自己的简历以及大学时候取得的证书,来到了招聘企业。前来应聘的人不是很多,但是都是硕士学

位。当面试官得知他只有本科学历时,明显感到不悦,赵辉急忙做了解释,并对面试官说:"我的学历虽然不匹配,但是我相信贵企业需要的是人才,而不是学历。"面试官略加思考之后,给了他这个面试的机会。

赵辉抓住机会,做了一番详细的自我介绍,在自我介绍中,他除了说自己的基本信息,大多数的话都是在夸奖自己。他说:"我的写作能力很强,在我高中的时候,就在期刊上发表小说,上大学的时候,在著名的半月刊《十月》上发表中篇小说,引起了不小的轰动。"

"除此之外,我处理人际关系的能力也很强,在大学期间担任校学生会主席,协助校领导完成学生的管理工作,多次得到了校领导的肯定和同学们的认可。"

"我做事也非常认真,在大学期间,多次组织了学校的各类活动,为全国大运会的举办出过不少力,因而获得了学校颁发的优秀学生干部证书。"说着,赵辉将随身带来的证书放到了面试官面前。

面试官拿起证书,看了起来。

赵辉接着说:"我在学习上也很努力,成绩一直是全年级第一,多次获得国家奖学金。"说着赵辉又将成绩单和奖学金的证书放到了面试官面前。

整场面试,赵辉都在不断夸奖自己。面试官也频频点头。面试结束之后的第三天,赵辉接到了企业的电话通知,让他去报到。就这样，赵辉在不利的条件之下，发挥了自己的优势，获得了这个职位。

故事中的赵辉在介绍自己的时候，不断地展现自我，实施推销，让面试官了解他的实际能力，最终在众多的面试者中脱颖而出。试想，如果当时他不对自己进行夸奖，那么他给面试官留下的印象便会很淡，最终很有可能与心仪的岗位无缘。由此可见，在适当的时候要学会自夸，以增强别人对你的认可和欣赏。那么，如何才能做到既自夸，而又不浮夸呢？

1.要自信一些，敢于对自己进行夸奖

如果你一再谦虚，等着别人来发现你，那么你注定会失去很多的机会，因为被人发现是需要一定时间的。所以，抓住机会，及时进行自我推荐显得尤为重要。对自己进行夸奖的时候要有勇气，自信一些，要知道你在为自己争取机会。如果你连站起来夸奖自己的勇气都没有，那么即使你能力再强，别人也无法知道，敢于推荐自己本身就是一种能力。

2.要坦诚一些，自夸的话一定要属实

在向别人推荐自己时，自我夸奖是很有必要的。但是在夸奖的过程中，你所说的一定要属实，如果你用假话来欺骗和糊弄别人，对方一定能感觉得出来，因为人在说谎的时候，表情和动作会出卖自己。试想，如果对方发现你在说谎，对你的印象能好起来吗？所以，要想让别人对你有更好的印象，更加欣赏你，你不妨坦诚一些。

3.态度谦虚些,自夸时不要飞扬跋扈

有些人在夸奖自己的时候,一个劲地炫耀自己多么伟大,多么有本事。恃才傲物之情溢于言表,这样你说话的态度便会发生很大的变化,言语间就会流露出骄傲自满,甚至是飞扬跋扈的情绪。别忘了,你是为了给别人留下好印象,是为了让别人更加欣赏你,态度不谦虚,别人怎么可能欣赏你呢?

4.用语准确些,切忌天马行空

即使是对自己实际情况的自夸,说话时用语也要准确,切忌天马行空。诚然,你是为了给别人留下好印象,是为了让别人更加欣赏你,但是如果夸大了你所取得的成就,就会让别人感觉到不真实,对你产生怀疑。尽管你没有说谎,但是别人对你产生不信任的情绪,跟你说谎是一样的效果。

将才华发挥到极致，能赢得更多的关注

通常的情况下，当你因卓越的表现而被广泛认可的时候，你的其他方面自然也会引起别人的关注。尽管你可能并不是很优秀，但是大家会乐此不疲地谈论和了解，这就是所谓的明星效应。因此，在人际交往当中，你要将某一方面的才华发挥到极致，从而促使大家更多地关注你和了解你。

李磊今年不到30岁，可是写得一手好毛笔字，这在年轻人中实在不多见。这次书法大赛，他挥洒自如地写了一手行草，夺得了青年组比赛的总冠军，一时之间在单位出了名。单位的大小领导以及同事在闲聊的时候，谈论的都是他。

这天下班后，李磊刚走出单位的大门，只见大门边一位50岁左右的女士迎了上来，见了李磊便问："请问您是李磊吗？"

李磊莫名其妙地看了一眼，说："是的，我就是李磊。"

那位女性接着说："您是得了书法比赛一等奖吗？"

李磊点点头，说："是的，请问您是？"

女士笑着说："我总算找到您了，小伙子一表人才啊。"

看着李磊一脸的茫然，女士接着说："我是市戏剧学院的

副校长,我姓林。"

李磊微笑着说:"是林校长啊,失敬!失敬!请问您找我有什么事情吗?"

林校长面露难色地说:"是一些私人事情,你这儿会时间方便吗?我想跟你好好聊聊。"

李磊说:"当然方便了。"

于是林校长和李磊来到了街角处的咖啡店,一路上两人聊的话题多是李磊的书法。

入座之后,他们接着聊了一会李磊取得书法比赛总冠军的事,言谈中,李磊感觉到林校长非常喜欢和欣赏他。

几分钟之后,林校长微笑着和蔼地说:"小李啊,我有件私人的事情想打听一下,如果问得有什么不合适的地方,你千万别往心里去。"

李磊微笑着说:"林校长,有什么事您就问吧,我一定如实回答。"

林校长思索了几秒之后,说:"小李今年多大了啊?"

李磊看着林校长,认真地说:"今年28岁了。"

林校长接着问:"找对象了吗?"

李磊:"一直忙于工作,没有遇到合适的人啊。"

林校长难为情地说:"我女儿比你小一岁,特别喜欢你,所以我冒昧约你出来,想打听一下,要是你有兴趣的话,和她试着认识一下,你看……"

李磊不好意思地说:"难得深得林校长千金的青睐,一切听从林校长的安排。"

林校长有些不好意思地说:"我知道这样说实在有些冒昧,但是我女儿就是喜欢上你了,而且除了你谁也不见。你知道,我就这么一个女儿,所以今天豁出这张老脸来找你了。"说着林校长难为情地扶了扶眼镜,喝了一口咖啡。

李磊说:"林校长,真的没事,我理解一位母亲的心。全听林校长安排。"

林校长笑着说:"那太好了,改天到我们家去做客,你们两个见个面,你看行吗?"

李磊点了点头,爽快地说:"行,没问题。"

故事里的李磊因为在书法比赛中获得了第一名,一时之间出了名,大家在关注他这个书法冠军的同时,也开始关注他的工作和生活。由此可见,在明星效应下,一个人在某方面取得成就之后,会引得别人关注他的其他方面。那么,如何利用明星效应吸引更多人的关注呢?

1.足够优秀,成为"明星"

要想有"明星"效应,吸引别人更多的关注,前提是你在某一方面足够优秀,才能成为大家眼中的"明星"。因此,要审视自己,看自己有哪方面的爱好和天赋,然后将你的爱好发展到极致,成为大家眼中的佼佼者。如果你没有爱好,那么不妨把你手头的工作做到最好,一样可以赢得别人的欣赏和认可，一样可以成为大家眼中的"明星"。

2.注意自己言行，维护"明星"效应

既然成了大家眼中的"明星"，那么你的一言一行就都会受到更多人的关注。因此，一定要注意自己的言行，不要做一些不合时宜的事情，说一些不恰当的话，伤害别人心目中的美好形象。俗话说，"好事不出门，坏事传千里"。相对于你的优秀来说，你的负面形象传播得将更为迅速。因此，要想让更多的人关注你，你就要注意自己的言行，不要破坏自己的形象。

3.要再接再厉，为"明星"效应保鲜

成为大家眼中的"明星"之后，如果你只沉浸在明星的光环之下，不懂得再接再厉，那么时间久了，你就会慢慢从大家的视线中淡化。因此，当你成为大家关注的"明星"之后，一定要再接再厉，让你的优秀持续下去。事实上，也只有这样，大家才能对你保持足够的兴趣。否则，别人对你的关注度自然会慢慢减弱。

善于借势,让强者帮助我们提升气场

很多时候,我们都会有这样的感觉:当我们对某件事物有了一定的认识,或是在某一领域获得一些成绩时,便希望在众人面前有所展现,获得大家的肯定与赞美。然而,我们有时却会遭遇尴尬的局面:有的人认为像我们这种名不见经传的"小卒"能有什么独到见解、高深造诣,不过是在王婆卖瓜;有的人对我们的观点和成绩将信将疑,尤其当我们反驳某些约定俗成的观念时,他人的怀疑更是会接踵而至。而一旦他人对我们产生怀疑,或直接不理会我们,那么我们再怎么表现、再怎么证明自己,都会导致我们在他人心中的印象雪上加霜,对我们自身的社会地位乃至日后的社会交际,产生消极影响。

这个时候,我们不妨找只老虎靠一靠。当人们怀疑、否定我们时,我们可以请人们眼中的权威人士为我们撑腰,让我们的言论更加令人信服;借助强者的威势,使我们的气场更强大,更加震慑人心。战国时期的苏代曾经用一个故事打动了淳于髡,让其成为自己拜见齐王的引荐人。而这个故事,说的正是借人之势。

第8章
适时表现，主动让高手看到你的才华与能力

说起苏代，可能有的人对他的事迹知之不多，但提起他同族的兄长，那可是中国历史上鼎鼎大名的人——战国时期提出合纵抗秦、凭着自己三寸不烂之舌搅弄风云的纵横家苏秦。苏秦为政时，苏代眼见哥哥在七国之间斡旋联系，实现了志向，便也开始发奋学习，专攻纵横之术，后来也成为一位成就显著的纵横家。

有一次，苏代作为燕国的使臣，前去游说齐国。当时齐国的国君是齐威王，他的手下有一名声望颇高的客卿，名叫淳于髡。苏代一时苦于难以面见齐威王，便想办法找到淳于髡，对他说："我曾经听说过这样一个故事。有一个人有一匹矫健俊美的宝马，将其牵到集市去卖。可由于人们都不知道他的这匹马是宝马，一连三天都没有人愿意出合适的价格将马买走。卖马的人急着用钱，不能再这样等下去，他急中生智，找到了伯乐，对伯乐说：'先生，我有一匹宝马良驹，现在想要卖出。可是，由于无人识此宝马，我在集市足足卖了三天，竟无识货者问津。因此，我想请求先生帮我一个忙。您只须在集市中当着大家的面绕马一圈，作观察状，离去时再回头看一眼我的马即可。相信这样的事对您来说不过举手之劳，但我愿意重重酬谢。'伯乐答应了卖马人的请求，来到集市，按照卖马人说的做了一遍。结果，伯乐刚走，人们就蜂拥而至，抢着要买这匹马。就这样，这匹骏马最后的售价，竟比卖马人原本的报价高出了十倍。

"淳于大人,如今小可身负燕王使命,如同手持'骏马'欲献予齐王。但小可苦于无人周旋引荐,难以得见齐王威颜。先生可愿做小可的伯乐,为小可引荐一番?为报先生劳苦,小可愿奉上白璧一对,黄金千镒。"

淳于髡听后,笑道:"愿为足下效劳。"于是,他进入齐国王宫,向齐威王引荐了苏代。齐王听了淳于髡的话后,接见了苏代。

这个事例中,苏代用了一个故事来比喻,打动淳于髡为他引荐,然后巧借了淳于髡的东风。苏代本为燕国使臣,受命于燕王奔走于各国之间。淳于髡则为齐国客卿,效力于齐国。对齐国臣民和齐王来说,苏代的名声本就不如淳于髡响亮;而苏代此行,其背后的真实目的也让齐国人心生疑虑、不敢完全相信他。有了淳于髡的引荐,齐国上下对于苏代的信任度便大大提升,也就更容易以一种客观的心态来接纳他的言论。

韩愈在《马说》中写道:"世有伯乐,然后有千里马。千里马常有,而伯乐不常有。"这句话深刻地揭示了一个道理:有才华的人想要获得表现机会,想要在表现时迅速获得人们的认可和肯定,很多时候需要权威者来为他发声,帮他博得人们的眼球。世间"千里马"不计其数,但唯有遇到慧眼识珠之人,才能被发现、被推荐。每个人都需要能充分展现自己风采、获得众人正视、肯定的舞台,我们若一砖一瓦都靠自己去搭建,必然困难重重;但若能获得权威者的帮助,局势则立刻大改，可收到"四两拨千斤"的奇效。

那么，我们在日常的人际交往中，当我们的成绩被人质疑、才华不被肯定时，我们又该如何借助强者的威势，打造我们自己在众人心中的强大气场呢？

1.善于借力

有些人心中会存有疑虑，觉得刻意依附、依靠权威者让众人认识，有些"折节"的意味。其实，这样的观念不仅在现代落后，就连古代的有识之士们也不会墨守如此"成规"。想要让众人刮目相看，就要先找一位权威人士，借助他的力量让大家认识你，有感于你的才华。当你变成权威的那一天，在你面前也会有更多的人来依靠你，学习你当年的智慧。

2.别人点头，你要低头

借助他人的力量表现自己，为的是展露才华、赢得机遇，以谋求更广阔的天地，而不是为了时时成为众人的"焦点"，刻刻过着"众星捧月"的瘾。当权威者为我们引荐，我们获得了他人的肯定以后，要及时表现出低调、随和的一面，避免让骄傲自满成为自己的社交增添阻碍。

3.真材实料，才可借势

当今社会，越来越多的人已经懂得借助权威力量展现自己。而只有具备真才实学的人，才能经得起日后的考验，才能获得真正的成功。不学无术之人，凭借强者的威望虽可一时得势，但纸包不住火，终有一日会现出"原形"。此时，不仅众人不齿，推荐他的权威者也会感到受欺骗、损颜面，这样的人以后再想翻身，或是借助权威者的力量，恐怕难上加难。

如今社会发展迅速，已经到了"酒香也怕巷子深"的激烈竞争时代。有人感叹怀才不遇，有人借力扶摇直上，两者之间，只是差了一位伯乐，差了一位能够将他推荐给众人的权威者。在强者的陪伴下，即使气场再弱的人，也会不自觉地受到影响，挺胸抬头，让他人感受到完全不同的力量。而在强者的引荐下，我们获得了众人的肯定与赞美，进一步强化的自信会让我们的气场更加强大。

适时高调点，能获得认可和关注

战国时期，秦赵长平之战，秦国大胜。白起坑杀赵卒四十余万后，又领兵追击，一路势如破竹，很快便来到赵国都城邯郸，形成合围之势，大有一举灭赵之势。

赵国危若累卵，平原君临危受命，前去出国请求救援。出发前，平原君召集门客，打算挑选二十位文武兼备的人才随行，挑来挑去最后还差一位。这时，门客中有一个叫毛遂的人上前，向平原君推荐自己："如蒙不弃，毛遂愿一同前往。"

平原君问："先生在我门下多久了？"

毛遂答："已有三年。"

平原君顿生轻视："贤者居于世，仿佛锥子在囊中，它的尖梢立刻便显现出来。先生在我门下已经三年，却不曾被人提起、称赞，可见先生无甚才能。使楚关系到赵国存亡，先生恐难以胜任。"

毛遂说："您说得没错，贤者居世应当显露其才，但贤者也需要展露的机会。我之所以没有显露出来，是因为一直没有机会被放在囊中，否则早已锋芒毕露。"

此言一出，平原君颇为震动，且事态紧急，便带上毛遂一同前往。其余十九人都认为毛遂不过逞一时口舌之快，暗自讥笑不已。一路上，这十九人为了显示自己的才学，常常滔滔不绝。而毛遂则寡言少语，一旦开口便一鸣惊人。等队伍到了楚国时，这十九人已经真心佩服毛遂。

到了楚国后，谈判并不顺利，楚王与平原君谈了很久也没有结果。毛遂上殿喊道："兵者，利害分明，简单明了，有什么难决断的？"楚王闻言十分恼怒，问明平原君后，呵斥毛遂令他退下。毛遂见状非但不退，反而仗剑前进，说道："十步之内，大王的性命在我手里。"

楚王有感于毛遂的勇气，便不再发火，让毛遂说说看法。毛遂随即为楚王分析一番，让他明白援赵有利于楚。楚王听后十分信服，并答应立即发兵。不出几天，楚国、魏国等国相继出兵援赵，秦军进攻只能作罢。回到赵国后，平原君待毛遂为上宾，毛遂由此名声大振，并获得"三寸之舌，强于百万之师"的美誉。

成语"毛遂自荐"即由毛遂的经历而来。毛遂在平原君门下三年未有建树，后经自我推荐，才获得了出头的机会。平原君手下门客众多，人才济济，毛遂若一味沉默，等待着金子"自动"发光的那一天，那么恐怕历史上就要少这样一桩典故了。

第8章
适时表现，主动让高手看到你的才华与能力

如今，社会发展速度飞快。在这个科技日新月异、人才更迭频繁的时代，真正的谦虚会为我们带来良好的人际关系和事业发展形势，而那些惺惺作态、无意义的"低调""礼让"，只会让我们一次次痛失机遇，看着他人的成功无可奈何。

要搭建人脉，先要获得他人的认可和关注；要获得他人的认可和关注，先要学会吸引他人的眼球，让他们看到我们的才华和过人之处。当别人的注意力被我们吸引时，在他们的眼中，我们此时散发的气场就蕴含着无穷的能量。

在适当的时候，主动站出来推销自己、表现自己、成全自己，是每个人社交乃至成功路上必须经历的过程。默默无闻的人固然不会招致他人的厌恶，因为根本没人注意到他们，但要想获得他人的喜爱，就需要让他人看到我们的才华，让他人知道我们是有能力的。

那么，我们想要展现自己，该如何高调，又该如何把握程度呢？

1.不妨夸夸自己

对于别人尚未了解的才华和长处，不妨直接告诉他："我行。"面对众人束手无策但你有能力办好的事，不妨挺身而出，告诉大家："我能。"一味等待他人来发现你、挖掘你，只会白白浪费掉许多机会。只有主动的人，才能将命运握在自己手中。

2.自夸也要真实

自夸的内容一定要符合自己的真实情况。一旦说谎，别人或是会看穿你当时的微表情、微动作，或是在日后的接触中逐渐发现真相。无论哪种情况，一个过分自夸、让人感觉受到欺骗的人，都很难再挽回自己在他人心中的印象。另外，无论自己多么优秀，自夸都应点到为止，最忌口若悬河、喋喋不休。这会让人觉得你目中无人，眼高于顶。他人若形成这种印象，对于你的人际关系是有害无益的。

3.自夸后用心做事

夸自己时可稍微高调，但办起事来须尽心尽力。一个人无论把自己夸得多么天花乱坠，总归需要用事实来证明自己的能力。很多人厌恶自夸者，因此也不愿自夸。然而，有些自夸者之所以引起人们的反感，一部分原因是态度轻狂，一部分原因则是难以成事。人们一直强调"低调做人，高调做事"，"高调做事"，是亘古不变的成功法则。

《周易》中有云："谦谦君子，卑以自牧也。"《诗经》中也说："有匪君子，如切如磋，如琢如磨。"我们常说的"谦谦君子，温润如玉"，指的就是为人谦虚而严格律己，要让自己像美玉一般温润，不喜张扬，不露锋芒，内敛而不形于外。我们的长辈、老师都教育我们要谦逊礼让、圆润低调。谦逊在于内心，温润在于涵养，而在人前适当显露出锋芒，是我们积极入世的态度，是我们永不言败的进取之心。

第9章

与领导相交,巧妙展现忠诚方能赢得信任

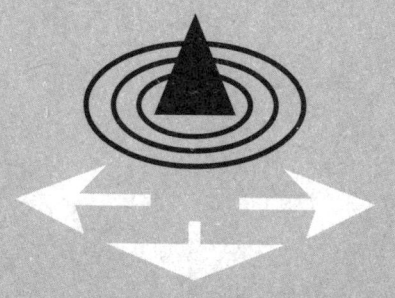

第9章
与领导相交，巧妙展现忠诚方能赢得信任

你对领导的忠诚度如何，决定了你的业绩

任何一个领导都希望自己的下属忠心耿耿。现代社会，员工的忠诚度更是一个企业衡量其能否为企业带来效益的前提条件。所谓忠诚，意为尽心竭力，赤诚无私。企业员工的忠诚度是指员工对企业表现出的行为指向和心理归属，即员工对企业尽心竭力的奉献程度。作为员工，你的忠诚度如何决定了你的工作业绩，影响着你与企业之间的稳定关系。

事实上，任何一个领导都厌恶下属对自己的不忠，因此尽管你的学识才能俱佳且干劲十足，如未能对领导表现出忠诚，则很难获得重用与提拔。的确，下属对领导的忠心是需要表达出来的，要想让领导对我们信任有加，首先要做到的就是展示我们的忠心。

向明是一家外贸公司的部门经理，他是个工作认真负责的人，深得公司高层领导的信任。但最近一段时间以来，由于事情多，他忙得焦头烂额，久而久之，未能及时向领导汇报工作。有一天领导对他说："小向，你最近是不是很忙啊，但是我又不知道你在忙什么，有时有问题想问你，但又不好意思

问,怕耽误你的工作。"

他这话说得让向明发愣,领导走后,向明的秘书笑着说:"看老总这话说的,好像他是你的下属似的!"

秘书的话提醒了向明,他意识到,这段时间工作是很忙,但是也没忙到没有时间向领导汇报工作情况的程度,如果每天甚至每两天抽出一些时间走进领导的办公室,向他汇报自己的工作,可能就不会是这样的情况了!要知道,任何一个领导,只有下属每天主动向其汇报工作,他的心里才会踏实,也才会对下属信任有加。

此时他又想到了这位自己最满意的秘书,她就会每天定时向自己汇报工作进展,因此向明也一直非常信任她,经常将一些重要事宜交给这位秘书去处理。想到这里,向明立即安排秘书为自己做详细的工作记录。第二天,他走进领导的办公室,对领导说:"总经理,这是我近来的工作进度,请您审查。"领导对他露出微笑,说道:"有进步啊!"向明也回以微笑。

案例中,向明及时认识到了主动向领导表达忠心的重要性,迅速调整了自己的工作方式,不再低头只顾忙自己的,而是随时让领导知道自己在忙什么。主动汇报工作,与领导及时交流,不仅能及时更正错误或不当的工作方法,还能表达我们积极的工作态度。

有人说,领导的眼睛是雪亮的,对于员工是否忠诚能明确判断。而实际上，很多领导日理万机，不可能关注到每个员工，对每个员工的动态都能作出准确的判断。我们对领导、工作的忠诚只有表现出来，才能赢得领导的信任。

那么，我们该怎么做呢？

1.学会服从

古往今来，下级服从上级似乎是天经地义。这要求我们做事要站在领导的立场上考量，对领导尤其是老板的指令与意见要由衷尊重并全力以赴；对公司或团队的形象要尽力维护，有时还需要耐心接受领导或老板的指导等。

2.关键地方多请示

聪明的下属善于在关键处多向领导请示，征求他的意见和看法，按照领导的意思做事。"关键处多请示"是下属主动争取领导关注的好办法，也是下属做好工作的重要保证。何为关键处？即"关键事情""关键地方""关键时刻""关键原因""关键方式"。

3.把握时机表达忠诚

逆境就是表现我们忠诚的最好时机，也就是"患难见真情"。比如，在企业出现运营危机，或者领导在工作中出现难以解决的困难时，你能坚守岗位，全力为领导分担解忧，丝毫不临危而退，只要危机一过，领导必定会记住你忠诚的表现，从而视你为左右手并重用你。

身在职场，如果你想赢取领导尤其是老板的钟爱、信任与重用，让领导视你为心腹或常伴左右的得力助手，分享领导的成功果实，你就要学会表达忠诚，你将会有很多收获，从而在职场上一帆风顺，扶摇直上。

巧妙赞美，会让领导很受用

任何人都希望得到他人的认可，都希望自己的优点、闪光点被人发现。希望得到尊重和赞美，是人们内心深处的一种渴望。我们的领导同样有这样的心理需求，因此，我们如果能适度说些赞美的话，不断让领导知道你对他的钦佩，那么，当领导接受了你的赞美之言的时候，也就接受了你这个人，自然也就拉近了彼此之间的距离，我们的生活、工作环境也就会更加和谐。

实际上，当今职场，工作能力固然重要，但是否会说话已经成为决定你职场命运的重要标准。那些墨守成规，不愿意运用语言技巧的人，只能眼巴巴地看着别人升职、加薪，然后吃不着葡萄说葡萄酸。殊不知，赞美需要技巧，让领导开心，才能让自己舒心。

石群和陈明是大学同学，毕业后机缘巧合，两人居然进了同一家公司。于是，两人就成了更要好的朋友，并合住在一起。可是不到一年的时间，两人在公司的地位就明显不同了。这两人做人做事的风格完全不同，石群是个说一不二的人，不懂得变通。而陈明则善于变通，说话做事都恰到好处，很受领导喜欢，很快，陈明就受到了重用，而石群还是原地踏步。石群很想知道陈明到底是用什么方法做到的。一次聊天中，石群谈到这个问题，陈明对石群说："其实很简单，我们除了努力工作，还需要让领导知道我们发现了他身上的闪光点。"

"这句话是什么意思，我不大懂。"

"问你个很简单的问题，你是喜欢听我说'我喜欢你'呢，还是喜欢听'我讨厌你'呢？"

"当然是前者。"

"那就对了，领导也是这样，我们表达喜欢领导这一情感时，就要多发现领导身上与众不同的亮点，而当你发现这点后，你还需要用巧妙的话语说出来。当然，这和溜须拍马没什么关系，我们需要真诚地表达这种美好的感情。"

"我差不多理解了……"

自从这件事之后，石群似乎开窍了，他也尝试着去赞美同事、赞美领导，不到半年的时间，他也升职了。

前些天的一次会议发言之后，他手底下的几个员工一下子围拢过来，七嘴八舌地说道："老大，你讲得太棒了！""就是，真给咱们部门长脸！""下回有机会教我们两招！"……石群嘴上不说，心里已经乐开了花，他心想，多亏陈明点醒了自己。

在这则职场故事中，陈明和石群起初有着不同的职场命运,陈明如鱼得水,被领导喜欢,顺利升职;而石群则毫无起色,主要原因就在于二人处理与领导关系的方式方法不同。

具体来说,我们在赞美领导身上的闪光点的时候,需要做到以下几点。

1.真诚

赞美只是与领导相处时的一种说话方式而已,并不是我们的主要工作,如果一个人整天为了赞美领导而费尽心思、处心积虑,那就真的会让人心生厌恶了。另外,如果你不欣赏领导,也不喜欢领导,认为他并不值得赞美,就不必假惺惺地去赞美,虚伪的赞美只会让领导觉得你是在嘲讽他,而不是夸赞他。

2.知己知彼

一些人本想恭维一下领导,却对领导的性格、性情等方面不了解,只顾说一些好话。刚正不阿的领导本也喜欢一些溢美之词,但由于那些恭维话说得毫无新意,全是客套话,导致心生厌恶,这就是不恰当的赞美。只有针对领导具体的嗜好、优点等方面进行赞美,才能起到展示自我、迎合领导意图的最佳效果。

3.背后赞美效果更佳

当着领导的面夸赞领导,很容易招致同事的轻蔑、排斥甚至是排挤。为了恭维领导而得罪同事,这并不值得,毕竟与我们共事较多的还是同事,而且,这种正面夸赞的方式能够产生的效果并不大,甚至有负面效果。

4.注意赞美的"度"和"量"

赞美领导固然好,可是不能不注意"度"和"量",太多赞美言辞,领导会听烦,赞美之词过于虚假,言过其实,也会让领导感觉你耍嘴皮子,不可靠。所以,赞美一定要注意一定的"度"和"量",方显真诚。

总之,职场需要赞美,作为下属,为了让工作顺利开展,必须和领导搞好关系,而让领导知道你发现了他身上的闪光点,也往往让领导很受用。赞美也是有技巧可循的,要不落俗套,才会让对方受用。循规蹈矩、墨守成规的赞美只会让对对方感到毫无新意,起不到赞美的真正作用。

领导的私生活，是讨论的禁区

每个人都有自己不愿被人知晓的某些秘密或者隐私，可能是生理缺陷，可能是生活隐私等。通常，这就是人们的软肋，每个人的软肋不同，但每个人都有不愿意被人提及或者拿来开玩笑的地方，领导当然也有。可以说，领导的软肋和缺点是我们说话的雷区，无论我们与领导的关系有多亲密，也无论你采用什么方式，严肃还是玩笑，只要你提及，最终受影响的还是你自己。

莉莉是个很讨人喜欢的人，在办公室的人缘很好，工作能力也很强。但和很多二十几岁的女孩子一样，她也有个缺点，喜欢聊八卦。以前在学校的时候，她就喜欢打听别人的隐私，有朋友说她可以去当"狗仔"了。刚参加工作的她倒还没表现得很明显，因此，某些同事与她交谈甚欢。

莉莉所在的部门经理珍妮是个三十岁的女强人，但还没对象。对于公司这个新来的勤快小姑娘，珍妮从刚开始就很有好感，有时中午吃饭也邀她一起。在一起吃饭时自然免不了聊天。莉莉很骄傲地谈到自己的男朋友，谈完以后，就顺便问珍妮："经理，我看您平时工作那么努力，可得注意自己的身体，女人一到三十岁，不注意保养，可是很容易老的。"听到莉莉这么说，珍妮的脸色马上变了，这不是在说自己老吗？但她也没说什么。可莉莉一点也不知趣，还继续问："我觉得，您真该找个男朋友，女人再强，还是要嫁人的呀。"正说着，珍妮的电话响了，珍妮马上对莉莉使了个眼色，就离席去接电话了。莉莉分明看到珍妮的来电显示是董事长。既然是董事长，珍妮为什么要避开自己呢？莉莉越想越不对劲，于是准备直接问珍妮。

珍妮回来后，莉莉便问："刚刚是您男朋友打的电话？"珍妮没想到莉莉会直接这么问，就遮遮掩掩地回答："没有，一个普通朋友。"看到珍妮的态度，莉莉心里已经有答案了。

第二天，办公室传得沸沸扬扬，说珍妮经理是董事长的情人。大家将信将疑的时候，莉莉说："你们还别不信，这可是我听到的最确切的消息。"莉莉说得激动，但没发现，珍妮就站在自己的身后，在同事的眼色下，她回头看到了脸色铁青的珍妮，莉莉忙说："对不起！"然后就不知道该说什么了！她以为珍妮会骂自己，但珍妮没有。

第三天，珍妮不动声色地宣布："我是来向大家宣布一个消息的。刚才总经理开会时说我们要在两个月内裁员两名同事，我一直在想，我们大家都挺努力的，裁谁好呢？我看就裁那些一天天无所事事的吧，毕竟，公司不能拿闲钱去养那些没有能力、只会磨嘴皮子的人。"莉莉发现大家的目光竟然都一起对准了她,她什么话也说不出来了。很快,莉莉就被辞退了,她悔不当初。

我们发现,故事中的下属莉莉犯下的最大错误在于,她自以为和领导珍妮关系不错,就口无遮拦,连领导的隐私也探寻。不仅如此,她还将领导的隐私公之于众。她被辞退后才明白,不管在哪里,打探领导的私生活,并以此博取大家的笑声,在职场是致命的错误。

人与人虽然需要沟通,但也需要距离,与领导相处,我们千万要记住,工作归工作,作为下属,千万不要去打探领导的私生活,更不要涉足。你要学会与领导保持一定的距离,过多的相处也会增加你与领导产生矛盾的机会。对于此,我们应该注意以下几点。

1.与领导交谈多以工作为中心

正所谓"静坐常思己过,闲谈莫论人非",尽职尽责,做好自己本职工作,才能避免一些职场的是是非非。和领导交谈,多以工作为中心,可以表示你的尽忠职守,也可有效回避一些不应谈及的问题,当然,如果领导主动提出和你谈一些私事,这说明他信任你。

2.谨慎言辞

正所谓"言多必失",话太多确实很容易给人招惹麻烦,因为有时候你无意中的一句话,可能就会击中领导的软肋,揭了别人的"疮疤"。尤其是在公共场合,公开别人的缺点会让其失了面子和尊严,而对方也会对你产生恨意。

关键时刻为领导挽回面子，能获得领导的青睐

人非圣贤，孰能无过，领导难免会出现错误，但在众人面前出错，会让领导丢面子。这时如果有人能够站出来为领导挽回面子，那么领导无疑会心怀感激，如果是自己的下属为自己成功挽回面子，那么这名下属无疑能够成功地获得领导的青睐。能够帮助领导挽回面子是一种能力，也是一种必要的技巧。

田叔是西汉初年人，曾经在刘邦的女婿张敖手下为官。一次，张敖涉嫌一桩谋杀皇帝的案子，被逮捕进京。刘邦颁下诏书说："有敢随张敖同行的，就要诛灭他的三族！"可田叔不计个人安危，剃光了头发，打扮成一副奴仆的模样，随张敖到长安服侍。后来案情查清，与张敖无关，田叔由此以忠爱其主而闻名。

汉武帝非常赏识田叔，便派他到鲁国去出任相国。鲁王是汉景帝的儿子，自恃皇子的特殊身份，骄纵不法，掠取百姓财物。田叔一到任，来告鲁王的多达百余人，田叔不分青红皂白，将带头告状的20多人各打五十大板，其余的各打二十大

板,并怒斥告状的百姓道:"鲁王难道不是你们的君主吗?你们怎么敢告自己的君主?"鲁王听了很是惭愧,便将王府的钱财拿出来一些交付田叔,让他去偿还给被抢掠的老百姓。田叔却不接受,说道:"大王夺取的东西而让老臣去还,这岂不是使大王受恶名而我受美名吗?还是大王自己去偿还吧!"鲁王听了心里美滋滋的,连连夸赞田叔聪明能干、办事周到。

田叔之所以会博得领导的偏爱,很大程度上得益于他能够为领导保留面子、挽回面子。试想,如果田叔在张敖被捕的时候不去追随,或者干脆在伤口上撒把盐,也许他可以风光一时,但是当案情被查清时,他的日子想必不会好过,因为他不但没有帮领导挽回面子,反而倒打一耙,这样的行为必然会招致领导的反感。

在田叔被派到鲁国当相国时,鲁王掳掠百姓财物,激起了百姓的愤怒。但是田叔在遇到百姓告状的时候,不是同情百姓反对自己的领导,而是先教训了前来告状的百姓,让鲁王认识到了问题的严重性,然而当鲁王要田叔替自己偿还百姓财物时,田叔又将机会交给了鲁王,这样一来鲁王便成功扭转自己的形象,并获得百姓的原谅,挽回面子。虽然田叔之前命令手下打了百姓,看似为了自己的仕途做着欺压百姓的事,但是从全局来看,这样的做法正是能够让大局稳定的良方。因为这样做能够让鲁王认识到自己的错误所在,否则光凭嘴上的说教,教训不够深刻,效果自然不够好。

因此，当鲁王深刻认识到这个问题时，他对百姓做出的道歉行为才更有意义。因此，田叔为领导挽回面子的方式是非常合适的，既让鲁王认识到了错误，又让百姓能够满意，自己还能得到鲁王的赏识，效果是非常理想的。

作为下属，不仅要做好自己的本职工作，还要兼顾领导。不仅要善于推功，还要善于揽过，两者缺一不可。大多数领导想做大事，做大事难免会出现失误，然而领导并不想丢面子，所以这时作为下属如果能够帮助领导挽回面子，无疑是为领导做了一件大事。像田叔这样，将功劳归于领导，将过错留给自己，哪一位领导会不喜欢他呢？领导一般管辖的事情很多，但并不是每一件事情他都愿意干，都能做好，这就需要下属在关键时刻能够出面，代领导解决，替领导分忧解难，这样能够赢得领导的信任和赏识。

作为下属，千万不要因为领导的某次批评或者误会而一直耿耿于怀，这样做只是目光短浅，会影响前程。要有一种良好的心态，在领导出现问题时，及时出现做出反应，从困境之中解救领导。这样做不仅会让领导对你另眼相看，而且之后的重用是必定无疑的了。

虚心向领导请教学习，能获得其关注

子曰："三人行，必有我师焉。"领导之所以会成为领导，一定是具备我们还不具备的某些成功所必需的特质，而这些特质就是我们应该学习的，当然，我们不能否认领导也存在某些不足。虚心向领导请教学习，获得的不仅是工作经验和知识，更多的是领导的关注。任何一个领导都希望自己的下属能低调谦虚，忠诚尽力。只有谦虚学习的下属，才能不断充实自己，才会有不断进步的空间。

当然，可能有些人会认为，自己比领导工作能力强多了，只不过没有表现能力的机会，才一直甘当人臣，想以现在的工作为跳板，以便未来有更好的发展，找到更好的工作或者开办自己的事业。但不管怎样，毕竟我们目前还是下属，必须认清自己的位置：作为下属，就一定有不如领导的地方，就应该积极向领导学习，不断进步才是成功的必要条件。领导工作出色，能力强，你可以充分地向领导学习，领导的今天可能就是你目标中的明天。而最重要的是，没有任何一个领导会对一个骄傲自满的下属心生好感。

姚成是一名刚毕业的大学生,他选择了销售工作。姚成的领导是位三十几岁的男士,给人的感觉永远是干净利落,哪怕是加班,他也会精神抖擞地坚持到最后一分钟。

刚来公司的姚成,经常被老同事带到市场上去学习经验。可是几个月下来,姚成似乎并没有什么进步。于是,领导决定亲自培养他。

这天,姚成和领导一起去上门推销,连续走访了二十多家都吃了闭门羹。姚成此时的情绪已低落到了极点,他真想对领导说放弃算了,或者下次再来。但领导似乎毫无疲态,竟看不出一丝失意的迹象,他坚持要继续下去。但姚成实在是坚持不住了,便找借口和领导请了假,提前回家了。

第二天,领导告诉姚成,他后来成功地拿下了六份订单,姚成自惭形秽,同时,他很吃惊地问领导:"您是怎么做到的?能告诉我吗?"

看到如此好奇的下属,领导告诉他:"让我坚持下去的只有一个信念,那就是成功就在下一秒,如果我们放弃了,就等于失败;而坚持一下,则有成功的希望。"

姚成恍然大悟,说道:"我知道了,以后我也要和您一样,做到坚决不放弃!"

姚成确实改变了不少,他不管遇到怎样的挫折都努力坚持,同时也学着和领导一样,特别注意自己的仪表,并把心态调整到最佳的状态,不管走到哪里,遇到什么困境,都保持整齐，始终以微笑的表情出现在客户的面前。这些改变也让领导都看在了眼里，很快就提拔了姚成。正如领导说的："面对这样一个虚心向上的年轻人，我为什么不鼓励一下他呢？"

这个职场故事中，我们发现，下属姚成前后工作态度和工作业绩的变化来自他的领导给他的启发，同时，我们也看到了员工和领导之间关系微妙的变化。对领导的请教，让领导看到了下属虚心向上的优点。可见，作为下属，我们应该经常去发掘领导身上的各种优点，努力向他们学习，这样，不仅可以把这些优点变成自己的优点，还能收获到领导的认同。

这一点，对于新入职场的人尤其重要。刚进入公司是自我成长和努力学习的阶段。所谓"近水楼台先得月"，你绝不能放过向身边的领导学习待人接物以及工作技巧的机会，如果你能够经常以积极、谦虚的态度请教领导，他也必然乐于慷慨相助。

具体来说，我们需要做到以下几点。

1. 心存敬意，发现领导的优点

作为领导，势必"高人多寂寞"，他的一些做法也可能不被下属理解。因此，作为下属的你就要多和他联系，多请教他工作上的事，当面汇报也好，电话请示也好，平时拜访也好，都会使他高兴。如果你这样做了，并且不存偏见，那你一定会有很大的收获。

2.虚心请教

当领导取得成绩的时候,他周围一定会有很多赞美声。作为下属的你如果也去这么做,并不会引起领导的特别注意。因此,明智的做法是虚心请教,你可以恭恭敬敬地掏出笔记本,真心诚意地请他指点你应该如何努力,也可以讨论领导值得骄傲的东西,向他取经。这样做会引起他的好感,使他认为你是一个对他真心钦佩、向他虚心学习、很有发展前途的人。

3.放低姿态,主动沟通

身处繁忙事务中的领导不可能做到关注每个下属的动态,你主动沟通则体现了你积极上进的工作和学习态度。一般情况下,上级都乐于向你传授经验。

优秀的人既能够看到别人的优点和缺点,也能看到自己的优点和缺点,能做到取长补短,不断充实自己、完善自己。向领导请教,我们学到的不仅是工作经验,还有做人做事的道理,从而获得领导对我们的信任。

清楚自己的身份，有些"越级"话不可说

在实际工作中，作为下属应该找准自己的位置，知道哪些话该说，哪些话不该说，把握好适度的原则，而不要越位。坚守本位是下属最重要的职业道德，如果不能坚守本位，时时越位去做一些不属于自己职权范围之内的事情，必然会惹得领导不快，更有甚者，还有可能成为领导眼中的"危险分子"。

梅洁是个上进心很强的女孩，工作上有股子拼劲，很受老板的重视。可是近日她却觉得老板在有意刁难她。

事情是这样的，由于近期原材料的价格猛涨，梅洁根据实际情况在商品的定价方面做了一些调整，之后她将这重要的情况报告给了老板："老板，我决定在商品的定价方面做出一些调整……"没有说上几句，老板就打断了她，并示意让她回去："我知道了，以后再说吧。"

在这个案例中，梅洁错就错在自作主张。她凡事多向领导汇报的意识是很可贵的，但她措辞不当，在领导面前说"我决定如何如何"是最犯忌讳的。

身为下属，一定不要以为自己的领导很随和，更不要以为

你的领导和你的年龄相当,就可以在说话时无所顾忌,不分职位高低。其实,即使性格再随和、年龄再小的领导,都会有一种强烈的自我意识,即"我是领导"。所以,你要在言语中表达出这种职位的高低之分。在和领导说话的时候,认清双方的角色是非常重要的,让领导产生你像是领导或领导不如你的感觉,你的日子可能就不好过了。

比如,你可以向领导说:"我想向您汇报一件重要的事情,您看,现在方便吗?"这样也许效果就会好很多。一个聪明的下属要想得到老板的重视,不仅要工作做得好,还要掌握汇报工作的技巧,这样才会让自己更为出色。

一天,林立被派往韩国参加一个展览会,当时他非常紧张。他的口语水平还可以,但缺少实战经验。展览会开始后,他尽量大大方方地站在展台前,毫不胆怯地和外商打招呼。

有外商到他们公司展位的时候,他绝不会冒充一个经验丰富的贸易人员,而是直率地告诉他们:"我刚刚毕业,还有很多不懂和不明白的,请多多关照。"

客户有什么问题,林立都把它翻译成汉语,直接问他的领导。这时他绝对不会自作聪明自己回答,因为他的答案可能是不正确或者是欠妥的。等这个客户走了、下个客户再来的时候,如果问相同的问题,他就知道该怎么回答了。这时的回答肯定是正确无误的。

或许是他的诚恳感动了客户,有好几家客户约他们去公

第9章
与领导相交,巧妙展现忠诚方能赢得信任

司商谈。展览会结束后,为了能够按时赴约,他主动向领导提出,由他在约定日期的前一天先把路线走一遍,确定大体方位,以便准时谈判。第二天,他们很轻松地就到了约定的地点,最终谈得很顺利。

领导从此把一些事情很放心地交给林立,这可以说是对他最大的嘉奖。

在职场做事,遇事不能以自己的想法为主,要清楚谁才是真正做决定的人,要善于领会领导的意图,多与领导沟通,以保证想法的一致性。职场中存在着等级差别,哪怕你是领导的爱将,也要谦虚地对待。

首先,要表现出自己谦逊的品格。在与领导交谈时,千万不要卖弄小聪明,更不能锋芒毕露。如果在领导面前故意表现自己,只会让对方觉得你狂妄自大,在心理上很难接受。而且,你还要抑制自己的好胜心,这样才能成全领导的自尊心和权威。比如,你可以故意露出个破绽,满足领导的好胜心。

其次,在与领导进行沟通的时候,要尽量寻找轻松自然的话题,把握好交谈的尺度。在交谈的时候,你应该让领导充分发表意见,当需要你进行补充的时候,再适当发表一下见解,这样对方自然会认为你是个有知识、有见地的人,而你也理所当然会得到赏识。这样,我们就能够与领导和谐相处,并得到他的信任和赏识,在个人事业的发展上也会少一些不必要的阻碍。

参考文献

[1] 金.向上社交[M].潘文君,译.北京:科学技术文献出版社,2022.

[2] 许晋杭.向上社交[M].北京:东方出版社,2022.

[3] 文轩.卡耐基:人际关系学全集[M].石家庄:花山文艺出版社,2016.

[4] 郑一.每天读一点社交心理策略[M].中国纺织出版社,2017.